यल्गार

विद्रोही दलित काव्य संग्रह

यल्गार

विद्रोही दलित काव्य संग्रह

शरणकुमार लिंबाले

हिन्दी अनुवाद

पद्मजा घोरपड़े

वाणी प्रकाशन

वाणी प्रकाशन
4695, 21-ए, दरियागंज, नयी दिल्ली 110 002
फ़ोन : +91 11 23273167 फ़ैक्स : +91 11 23275710
शाखाएँ
अशोक राजपथ, पटना 800 004, बिहार
कॉफ़ी हाउस कैम्पस, महात्मा गांधी मार्ग, इलाहाबाद 211 001, उत्तर प्रदेश
महात्मा गांधी अन्तरराष्ट्रीय हिन्दी विश्वविद्यालय, वर्धा 442 001, महाराष्ट्र
सुल्तानिया रोड, मोतिया पार्क, भोपाल 462 001, मध्य प्रदेश
www.vaniprakashan.com
marketing@vaniprakashan.in
sales@vaniprakashan.in

YALGAR
by Sharankumar Limbale
Translated by Padmaja Ghorpade

ISBN : 978-93-89563-78-8
Poetry Collection

पेपरबैक प्रथम संस्करण 2020

मूल्य : ₹ 199

सिटी प्रेस, दिल्ली-110 095 में मुद्रित

वाणी प्रकाशन का लोगो मक़बूल फ़िदा हुसेन की कूची से

अनुक्रम

भूमिका	9
मैं कौन?	27
दंगा-फ़साद	28
बहुमत	30
खूँखार दिशाएँ	31
बाहरी	32
बताओ कॉमरेड!	33
युगविधान	34
वह आवाज़ वह दिशा	36
पदचाप	38
रामराज्य	39
राख	40
राख के ढेर में	41
जिसके होंठ	43
मशाल	44
चौदह अप्रैल	46
मोर्चा	48
शब्द	50
नाकाबन्दी	51
सीमा	53
जंगली जानवर	55

यह देश	56
तीर्थ	58
तिरस्कृत	59
राष्ट्रीयत्व	60
जमावड़ा	61
इलज़ाम	62
राष्ट्रीय धारा	64
सूर्योदय	65
इतिहास	67
मनुष्य की हैसियत से	69
एकात्मता	71
निषेध	73
प्रस्ताव	75
गणित	76
जाति	78
गुनहगार	80
तुम्हारे बालों में	81
देशद्रोही	82
हमलावरो	83
परम्परा	84
शिलालेख	85
मैं और मेरे शब्द	87
उठो युगो!	89
देख लो बन पड़ता है क्या?	90
आक्रोश	92
माँ	94
बेरोज़गारी	95
आजकल	96
अश्वमेध	97

पतझड़	98
येशू	99
मैं	101
फ़ुटपाथ पर	102
कुरुक्षेत्र	103
उत्पात	105
परिशिष्ट में की कविता	107
ऐ आम आदमी!	109
पीपल पत्ता	111
समुद्र की दहाड़	112
आग	113
मेरी पुकार	114
स्वातन्त्र्य मेरा	115
रमाई	116
बुत	117
डर	118
हुजूम	119
मुखौटा	121
बन्द करो यह ढकोसला।	122
ऐलान	124
न्याय	126
गिरवी	128
सहभोजन	129
कालगणना	131
हवाएँ	133
प्रेम से विश्वास से	135

भूमिका

शास्त्रीय संगीत के गायक से या किसी संगीतकार से यह प्रश्न कभी नहीं पूछा जाता कि 'तुम क्यों गाते हो?' 'तुम्हारे गाने से समाज के कौन-से प्रश्नों का हल मिलने वाला है?' लेकिन साहित्यकार से ज़रूर ऐसे प्रश्न पूछे जाते हैं अपनी बहादुरी का प्रदर्शन करते हुए लेकिन इससे अपनी ही मूर्खता प्रदर्शित होती है। इसका ज़रा भी ख़याल किसी को नहीं आता, यह दुर्भाग्य है। 'तोड़ी' राग प्रस्तुत कर 'एड्स', 'दहेज', 'ग़रीबी' के प्रश्नों के हल मिलते हैं क्या? यह या ऐसा कोई भी प्रश्न किसी गायक से नहीं किया जाता। हाँ, लेकिन लेखकों के लिए ऐसे प्रश्नों के अम्बार सजाये जाते हैं और घटिया टिप्पणियाँ भी की जाती हैं जैसे—'आजकल के साहित्यकार किसी-न-किसी 'आइडियोलॉजी' में अटके हैं सो वे नासमझी की मनःस्थिति में हैं...' आदि! जब मैंने यह पढ़ा तो मेरे मन में अपनी 'आइडियोलॉजी' को लेकर कुछ प्रश्न उभरे।

उपर्युक्त टिप्पणी व्यवस्था के हाथ मज़बूत करने वाले लेखकों और उनकी मानसिकता को दर्शाती है। ऐसे वाक्यों को 'दाद' भी मिलती है, प्रसिद्धि भी। और उनके सामने बैठे श्रोताओं की मानसिकता के दर्शन भी होते हैं। ऐसी प्रतिक्रियाएँ देने वाला एक ख़ास उच्चभ्रू तथाकथित प्रतिष्ठित, सुखलोलुप वर्ग होता है। वे सिर्फ़ अपनी कला के सन्दर्भ में बात नहीं करते बल्कि दूसरों की कला को फूहड़ साबित करने की चेष्टा करते रहते हैं। दूसरों की मानसिकता को 'नासमझी' जैसे विशेषण जोड़कर अपनी विश्वासाहर्यता सिद्ध करने पर वे तुले रहते हैं। शास्त्रीय संगीत प्रस्तुत करने वाले गायक किस वर्ग का प्रतिनिधित्व करते हैं?

शास्त्रीय संगीत घरानों की परम्परा कौन-सी है? शास्त्रीय संगीतकारों का आज तक प्रयोजन क्या रहा? क्या यह सब जान लिया जाता है? 'देस राग' या 'मिले सुर मेरा तुम्हारा' जैसी रचनाओं से राष्ट्रीय भावना निर्माण करने के प्रयास नहीं हुए? शास्त्रीय संगीत महफ़िल से विशिष्ट वर्ग का मनोरंजन नहीं किया जाता? शास्त्रीय संगीत सुनने वाला जैसा एक वर्ग है वैसा ही लोक संगीत सुनने वाला भी! इसे जानबूझकर नज़रअन्दाज़ क्यों कर दिया जाता है? क्या कारण है इसे नज़रअन्दाज़ करने का? मुट्ठीभर अभिजात वर्ग को ध्यान में रखकर कला की निर्मिति की जाती है तब वह अभिजात मानी जाती है! लेकिन जब बहुजन वर्ग को सामने रखकर ऐसी कला निर्मित होती है तो उसे प्रचारकी, फूहड़ सिद्ध किया जाता है। क्या गौड़बंगाल है यह? यदि कोई यह कहता होगा कि मैं किसी आइडियोलॉजी को नहीं मानता—'मैं कलाकार हूँ कला के लिए कला हेतु लिखता हूँ'—तो यह मात्र मूर्खता है।

कोई क्यों सीखता है शास्त्रीय संगीत? कोई क्यों सुनता है शास्त्रीय संगीत? कुछ तो हेतु होगा ही न इसके पीछे? फिर भी यह सब 'यूँ ही' का ढिंढोरा क्यों पीटा जाता है? 'लावनी', 'तमाशा', 'जलसा' प्रस्तुत करने वाले निम्न स्तर के, सुनने वाले भी निम्नस्तरीय और शास्त्रीय संगीत वाले उच्च स्तर के! कला क्षेत्र की यह छुपी मानसिकता भेदभाव नहीं पनपाती? जब किसी कलाबाज़ (कोल्हाटी) की लड़की 'लावनी' प्रस्तुत करती है तब वह 'नाची' और उसी 'लावनी' पर माधुरी दीक्षित नाचती है तब 'नृत्यांगना'! यह कैसी मानसिकता? अभिजन वर्ग और बहुजन वर्ग की मानसिकता में अन्तर है इसे स्वीकार करने में समस्या क्या है? इस देश में जाति व्यवस्था है इसे स्वीकार करेंगे कि नहीं? हज़ारों वर्षों से ये विभिन्न जातियाँ अपनी-अपनी जातीय मानसिकता के बलबूते पर जीवित रही हैं इसे मान्य करेंगे कि नहीं? हर किसी को जन्म से मिली मानसिकता उसकी अपनी कला निर्मिति और अभिरुचि तय करती है इस सच का सामना नहीं करेंगे? कला क्षेत्र मानसिकता से जुड़ा हुआ नहीं है? उत्तरदायित्व (प्रतिबद्धता) न मानने वालों को उत्तरदायित्व से जुड़ी कला फूहड़, प्रचारकी, निम्न लगती है

और उत्तरदायित्व माननेवालों को उत्तरदायित्व से पीछा छुड़ाने वालों की कला अहंकार से युक्त, साढ़े तीन प्रतिशतों की तरफ़दारी करने वाली प्रतीत होती है। ये सीधे-सीधे दो वाद हैं। एक उत्तरदायित्व से बँधे हुओं को नीचा दिखायें और कहता रहे 'मेरी ही कला श्रेष्ठ'! तो दूसरा उत्तरदायित्व न मानने वालों को अपमानित करता रहे यह कहकर कि 'रोम जल रहा था फिर भी बाँसुरी बजा रहा था नीरो!' कलावादी कहता है—हम मानवता के पुजारी! विश्वात्मक। किसी पर प्रहार नहीं करते! कला के उपासक हम! और जीवनवादी कहते है।—मात्र विशिष्ट वर्ग यानी विश्वात्मकता नहीं। विषम व्यवस्था पर प्रहार न करना यानी उस व्यवस्था को स्वीकारना! यही कारण है जीवनवादी कलावादी की तटस्थता पर प्रहार करता है। द्रौपदी का वस्त्रहरण होते हुए भीष्म, द्रोण तटस्थ थे। यह तटस्थता महत्त्वपूर्ण कैसे? द्रौपदी वस्त्रहरण के समय कृष्ण वस्त्र देता है। अन्यायी विषम व्यवस्था में तटस्थ भूमिका यानी अन्याय का पक्ष लेना ही हुआ! अन्याय के विरोध में न बोलने वाली यह 'आइडियोलॉजी' नहीं तो और क्या है? इस आइडियोलॉजी का अन्याय से कुछ लेना-देना नहीं होता। क्योंकि वे उच्च वर्ग में होते हैं। सुरक्षित होते हैं। सुरक्षित वर्ग और असुरक्षित वर्ग की मानसिकता में अन्तर होता है। दोनों में संघर्ष बना रहता है।

कला की वैश्विकता क्या है? मेढक को अपना कुआँ विश्व ही लगता है। यह कूपमण्डूक प्रवृत्ति नहीं है? अपने अभिजन वर्ग के परे भी एक बहुजन वर्ग होता है। लेखक वहाँ भी होते हैं। इस वर्ग के लेखकों को अभिजन वर्ग की कला झूठी, काल्पनिक लगती है क्योंकि अभिजनों की कला में बहुजनों के हित का, रुचि का कुछ नहीं होता! मुझसे एक महिला मिली थी। प्रतिष्ठित-उच्चभ्रू। उसने मेरी किताबें पढ़ी थीं। उसने मुझसे पूछा, 'मैंने आपकी किताबें पढ़ी हैं। इन किताबों में आपने जो लिखा है वह आज भी हो रहा है क्या समाज में?' जिन्हें यह तक ज्ञात नहीं कि अपनी बिरादरी के बाहर क्या चल रहा है वे विश्वात्मकता और मानवता के बारे में डींगें हाँकते रहे! यह दोहरा बर्ताव नहीं तो और क्या है? अभिजन वर्ग के लेखक बहुजन वर्ग के लेखकों

से कहते रहते हैं, 'अपना यह उत्तरदायित्व छोड़ो। विचार त्यागो। हमारे जैसा लिखो। हमारा लेखन आदर्श है। वही दरअसल कला है। ऐसा लिखना यानी वैश्विक लेखन!' और बहुजन वर्ग के लेखक अभिजन वर्ग के लेखकों को समझाते रहते हैं, 'इस देश में हज़ारों वर्षों से विषमता पनपी है। यहाँ लाखों शोषित-पीड़ित दलित रहते हैं। उनका शोषण होता है। उन्हें इन्सानियत भी नसीब नहीं होती। उनके लिए लिखना ज़रूरी है। यही मानवता है।' ये दो भिन्न भूमिकाएँ हैं। हर एक को अपनी-अपनी भूमिका प्यारी! वही उनकी जीवन निष्ठा होती है। एक वर्ग परम्परा का पुजारी! उसे भगवद्गीता महत्त्वपूर्ण लगती है। मनुस्मृति भाती है। दूसरा वर्ग परम्परा से पीड़ित! उसे भगवद्गीता की चातुर्वर्ण्य व्यवस्था बेचैन करती है। वह मनुस्मृति जलाता है। इन दोनों वर्गों की कला से भिन्न-भिन्न अपेक्षाएँ रहती हैं। सधन (Haves) वर्ग कला से आनन्द की अपेक्षा रखता है और निर्धन (Have nots) वर्ग कला से शोषण विरोध में आवाज़ उठाने की माँग करता है।

ताजमहल देखकर सभी को आनन्द होता है। समन्दर, प्रपात, चाँद, चाँदनी, सितारे, फूल, मनोहारी स्थान, सौन्दर्य देखकर सभी भावविभोर होते हैं। यहाँ अभिजन-बहुजन भेद नहीं किया जा सकता। अजन्ता-एलोरा के शिल्प सभी को भाते हैं। मुझे भी सुन्दर स्त्री, उसका शरीर अच्छा लगता है। प्रकृति सुहानी लगती है। इतना ही नहीं, अभिजन वर्ग के लेखकों की लिखी उत्तमोत्तम रचनाएँ भी पसन्द हैं। वे प्रभावित करती हैं मुझे! आनन्द देती हैं! मैं इस कला को कभी फूहड़ नहीं समझता। अभिजन-बहुजनों के बारे में न लिखें और बहुजन उनका लिखा न पढ़ें या बहुजन अभिजनों के बारे में न लिखें और अभिजन उनका लिखा न पढ़ें—ऐसा कोई अध्यादेश जारी नहीं किया गया है। कला आनन्द देने के साथ-साथ प्रबोधन भी करती है। और मेरा इसमें विश्वास है। यह मेरी भूमिका है। 'कला हमेशा विशुद्ध आनन्द ही देती रहे' इस घोषणा-पत्र का मैं विरोध करता हूँ। कला से 'आनन्द' प्राप्ति हुई तो वह श्रेष्ठ कला और कला से 'स्वतन्त्रता की भावना' चेती तो वह कनिष्ठ कला—यह श्रेणियाँ ही मुझे गवारा नहीं। कलाकार का कला की ओर

देखने का पारम्परिक दृष्टिकोण बदलना चाहिए। लेखक और पाठक दोनों का कला के सम्बन्ध में उद्देश्य बदलना चाहिए। यह भूमिका उत्तरदायित्व बोध से आती है। बहुजन समाज के लेखक-पाठक और अभिजन समाज के लेखक-पाठक इनमें यह संघर्ष छिड़ा है—उद्देश्य को लेकर। और इसी हेतु मैं कलावाद की महती नकारता हूँ। जीवनवादी साहित्य में भी उच्च कला मूल्य हो सकते हैं। जीवनवादी साहित्य उत्तरदायित्व और कला दोनों से प्रभावित है लेकिन कलावाद को इस उत्तरदायित्व की 'एलर्जी' है।

कलावादी मानसिकता को मेरी ये कविताएँ आक्रामक, गाली-गलौज युक्त, सनके हुए माथे की लग सकती हैं। पाठक यदि मेरी स्थिति और उलझनग्रस्त बेचैनी जानना चाहते हैं तो उन्हें अपने पूर्वग्रह त्यागकर कविता से भिड़ना होगा। अपने जातीय अहंकार और खोखलेपन को सँजोते हुए दलित साहित्य में व्यक्त वेदना और विद्रोह को नहीं समझा जा सकता। दलित लेखकों की भूमिका और पाठकों की पूर्वग्रह दूषित जातीय वृत्ति, इसी से अभिरुचि में बाधा उपस्थित होती है। पाठकों की अभिरुचि पारम्परिक साहित्य और उसके जातीय बोध पर आज तक पनपती रही है और यही साहित्य रसास्वाद में बाधक तत्त्व बन खड़ी हुई है। 'हम कहे सो कला, हम कहे सो सौन्दर्य' यह जात्यान्धत्व लोकतन्त्र में कैसे चलेगा? दरअसल बात यह है कि हज़ारों वर्षों से धर्म, ईश्वर, राजा, सरंजामशाह के गौरवगान हेतु और उनके ऐशोआराम के लिए जिस 'कला' की परवरिश होती रही वह कला आम आदमी के शोषण विरोध में काम लाने हेतु उच्च वर्ग का लेखक सहज ही कैसे तैयार हो? असली शिकायत यह है! विश्वात्मकता आदि, आदि कुछ नहीं!

एक

दलित लेखकों की पुस्तकों की समीक्षा समाचार-पत्रों में छपकर आती थी। वह पढ़कर मेरा दलित साहित्य से प्रथमतः परिचय हुआ था। यह सन् 1976-77 का समय था। नामदेव ढसाळ के कविता-संग्रह 'गोलपिठा',

यशवन्त मनोहर के 'उत्थानगुफा', दया पवार के 'कोंडवाडा', ज. वि. पवार के 'नाकेबन्दी', प्रहलाद चेन्दवणकर के 'ऑडिट', अर्जुन डोंगळे के 'छावणी हलते आहे' की परीक्षण समीक्षाएँ समाचार-पत्रों में छपती रहती थीं। दलित साहित्य के सन्दर्भ में जो भी छपता था मैं तुरन्त पढ़ लेता था। फिर भी दलित लेखकों की पुस्तकें पढ़ने को नहीं मिलती थीं। इससे दलित साहित्य की संकल्पना स्पष्ट नहीं हो पा रही थी। उन दिनों मैं कल्पनाप्रधान नाटक लिखा करता था। दलित साहित्य पुस्तक समीक्षा पढ़कर लगने लगा था कि मैं भी दलित साहित्य लिखूँ! लेकिन प्रत्यक्ष रूप से कोई किताब दलित साहित्य के सन्दर्भ में पढ़ने के लिए उपलब्ध नहीं हो रही थी। अतः प्रत्यक्ष लेखन के लिए साहस जुटा न पाता था। नामदेव ढसाळ की आक्रामक और गाली-गलौज युक्त कविता ने मुझमें लिखने का साहस जगाया। यद्यपि उनका कोई कविता-संग्रह पढ़ने में आया नहीं था, पर उनकी कविता की गालियों पर हम काफ़ी चर्चा करते थे। अत्रे जी का हास्य-व्यंग्य और ढसाळ जी की कविता ये दोनों हमारे लिए रुचि से सुनने-चर्चा करने के विषय थे। ऐसा लगने लगा था ढसाळ जी की कविता में गालियाँ हैं तो अपनी कविता में भी गालियाँ होनी चाहिए। ऐसा मान लिया जाने लगा कि दलित कविता में गालियाँ होती ही हैं। कविता में गालियाँ! यह कल्पना ही कमाल की लगती थी। इसके पहले पाठ्यक्रम में पढ़ी कविता छन्दबद्ध, ताल, लय, गेयताबद्ध, अलंकार प्रचुर थी। इस पार्श्वभूमि पर कविता में गालियाँ भरने की कल्पना रोमांचित करने वाली थी। अलंकारों की अपेक्षा गालियाँ सहज लगीं। और गालियाँ हमारे रोज़मर्रा के जीवन का अटूट हिस्सा भी थीं। दूसरा यह कि प्रस्थापित व्यवस्था के विरोध में गालियाँ देना मनचाहा विषय था। देवता-धर्म को गालियाँ देते हुए अच्छा लगने लगा था। जिस धर्म-देवताओं ने हमें सड़ा-गला दिया, उसे अपशब्द कहना सहज, उत्स्फूर्त प्रतिक्रिया थी। अतः मेरी कविता मन की खीज व गुस्से की अभिव्यक्ति बनी। इतना होने पर भी मैं दलित साहित्य के स्वरूप से अनभिज्ञ था।

सन् 1978 में एम. ए. कर रहा था मैं। और तब गंगाधर पानतावणे

सर की पुस्तक 'विद्रोहाचे पाणी पेटले' मेरे पढ़ने में आयी। अपने जीवन में पढ़ी दलित साहित्य सम्बन्धी यह पहली पुस्तक थी। पुस्तक मिलते ही मुझे आनन्द की जो अनुभूति हुई, वह शब्दातीत है। मैंने इस पुस्तक के सम्बन्ध में समाचार-पत्र में पहले पढ़ा था। मेरी पढ़ी हुई दलित साहित्य सम्बन्धी दूसरी पुस्तक थी 'बहिष्कृत भारतातील अग्रलेख'। यह रत्नाकर गणवीर की सम्पादित पुस्तक है जिसके माध्यम से मैं बाबा साहब अम्बेडकर जी के लेखन से परिचित हो रहा था। इस पुस्तक ने मेरे मन में उथल-पुथल मचा दी थी।

दलित साहित्य को लेकर मेरे मन में तीव्र अहसास जाग्रत करने वाला ग्रन्थ था भालचन्द्र फडके जी का लिखा समीक्षा ग्रन्थ 'दलित साहित्य : वेदना और विद्रोह'। इस पुस्तक ने मेरे मन में दलित साहित्य को लेकर पीएच.डी. करने की इच्छा जगायी। इस पुस्तक ने 'दलित साहित्य' के होने का अहसास जगाया। यशवन्त मनोहर जी के 'दलित साहित्य : सिद्धान्त और स्वरूप' ग्रन्थ ने भी मुझे अपनी भूमिका बनाने में सहायता की। दया पवार का 'कोंडवाडा' कविता-संग्रह मैंने पढ़ा और मैं दलित कविता लिखने लगा। विलास बाघ की 'सुगावा' और गंगाधर पानतावणे की 'अस्मितादर्श' इन पत्रिकाओं में मेरी कविताएँ प्रकाशित होने लगीं। उस्मानाबाद में आयोजित 'अस्मितादर्श लेखक-पाठक सम्मेलन' मेरे जीवन की क्रान्तिकारी घटना थी। एक ओर नामान्तरण का तनाव था और दूसरी ओर इस तनाव से लड़ने की जुझारू भावना मुझमें उदित हुई। इसी मानसिकता ने शायद मुझे कविता लिखने के लिए प्रेरित किया।

मेरा दलित लेखक बनना 'अस्मितादर्श' के लेखक-पाठक सम्मेलनों की देन है। प्रतिवर्ष आयोजित इन सम्मेलनों के कारण दलित लेखकों से परिचय होने लगा। उन लेखकों से मिलना, बातें करना, उन्हें नज़दीक से देखना मन को ऊर्जा देता रहा और दलित साहित्य सम्बन्धी मेरी भूमिका सुस्पष्ट होती गयी। मेरे लिए ये सम्मेलन शिविर थे। 'अस्मितादर्श' पत्रिका के हर अंक की मैं बेसब्री से प्रतीक्षा करता था। 'अस्मितादर्श' का संस्कार इतना गहरा था कि मैंने अपनी बेटी का नाम अस्मिता रखा।

अस्मितादर्श, अस्मितादर्श लेखक-पाठक सम्मेलन और गंगाधर पानतावणे सर के कारण में दलित लेखक के रूप में अल्पावधि में स्थापित हुआ। जनार्दन वाघमारे की 'अमेरिकन नीग्रो साहित्य आणि संस्कृति' पुस्तक ने दलित अहसास मेरे मन में अंकित कराया। तब मैं एक दिन में चार-चार, पाँच-पाँच कविताएँ लिखा करता था। दिनभर कविता के बारे में सोचता रहता। दलित कविता मन-भाव विश्व पर छा गयी थी। यह औरंगाबाद स्थित मराठवाड़ा विश्वविद्यालय को बाबा साहब अम्बेडकर का नाम देने का नामान्तरण आन्दोलन का समय था और मेरी साहित्य यात्रा का कविता बिन्दु से किया गया प्रस्थान भी।

दलित साहित्य से मेरा परिचित होना और 'दलित पैन्थर' आन्दोलन के झंझावात का अनुभव होना एक साथ घटित दो घटनाएँ थीं मेरे लिए। छात्र जीवन से ही मैं पैन्थर आन्दोलन में सक्रिय हुआ था। दलित पैन्थर, नामान्तरण आन्दोलन और अस्मितादर्श ने मेरे समूचे व्यक्तित्व को झिंझोड़कर रख दिया। पैन्थर और नामान्तरण आन्दोलन के कारण मन में ज्वाला भभकी। मन आग का दरिया बना। आक्रोश ने मस्तिष्क को झकझोरा। अन्याय के विरोध में भावना तीव्रतम बनी। लगने लगा बन्दूक़ उठाकर अन्यायकारियों पर गोली चलाऊँ। इस संघर्ष में स्वयं से परिचित होते हुए आत्मसम्मान की अनुभूति व्यापक होने लगी। बाबा साहब आम्बेडकर जी के प्रति प्रतिबद्धता और आम्बेडकरी आन्दोलन के प्रति जान न्योछावर करने की ललक जागी। मन का उद्रेक, क्रोध, असन्तोष, बग़ावत, अपशब्द, अलाव, संघर्ष—इन सब के पार्श्व में बाबा साहब के विचार हैं—का साक्षात्कार हुआ। लगने लगा बाबा साहब अपनी ऊर्जा हैं, प्राण हैं, इन्हें ख़ारिज करने पर हम अशेष हो जायेंगे। निरर्थक हो जायेंगे। बाबा साहब के बुत को भक्तिभाव से देखना, उनके फ़ोटो की ओर भावावेग से देखना, उनकी याद में आँखें नम होना, ये सबूत थे कि मैं इनसे बेहद प्यार करता हूँ। और बाबा साहब से प्रिय और कोई नहीं हो सकता—बीवी-बच्चे भी नहीं। इसी भावावस्था ने मेरे हाथ में क़लम थमा दी और मैंने साठ-सत्तर कविताएँ 'ज्वालामुखी' शीर्षक से महाराष्ट्र राज्य साहित्य संस्कृति मण्डल के पास भेजीं—पानतावणे सर की

सिफ़ारिश के साथ—लेकिन अनुदान नहीं मिला। पाण्डुलिपि लौट आयी। तब तक कुछ और कविताएँ लिखी गयी थीं। उन्हें जोड़कर 'पानगळ' शीर्षक से फिर पाण्डुलिपि भेज दी। इस बार अनुदान मिला, फिर और कविताएँ लिखीं और इन सब को मिलाकर मेरा पहला कविता-संग्रह 'उत्पात' शीर्षक से प्रकाशित हुआ। इस संग्रह के लिए गंगाधर पानतावणे और नरहर कुरुन्दकर दोनों ने प्रस्तावनाएँ लिखीं। नरहर कुरुन्दकर की यह आख़िरी प्रस्तावना थी। इसके बाद वे चल बसे। इस सन्दर्भ का उल्लेख 'प्रजावाणी' के सम्पादक सुधाकर डोईफोडे कई बार करते थे। मेरे दलित कवि के रूप में परिचित होते समय सुधीर गव्हाणे जी ने मेरी काफ़ी सहायता की। हम दोनों अहमदपुर में टेलीफ़ोन ऑपरेटर की नौकरी किया करते थे और अच्छे दोस्त थे। अस्मितादर्श में मेरा उपन्यास 'दंगल' प्रकाशित हुआ। 1980 के बाद की दलित कविता पर धारावाहिक लेखमाला प्रकाशित हुई। 'अक्करमाशी' आत्मकथा के कुछ अंश प्रकाशित हुए। इसी से दलित लेखक के रूप में मैं साहित्य जगत् में छा गया। 'बलुतं' और 'उपरा' इन आत्मकथाओं पर छिड़ी तूफ़ानी चर्चा से मैं आत्मकथा लेखन करने को प्रेरित हुआ। मुझे अपना जीवन अन्यों से अलग और विस्फोटक लगा। अस्मितादर्श में इस आत्मकथा के कुछ अंश पढ़कर केशव मेश्राम जी ने श्री विद्या प्रकाशन (पुणे) से इसे छापने का आग्रह किया और मुझे पत्र लिखकर पाण्डुलिपि श्री विद्या प्रकाशन को भेजने के लिए कहा। 'अक्करमाशी' ख़ूब चर्चित रही और इसी से मेरा परिचय बना। इससे मेरा स्थान महत्त्वपूर्ण इने-गिने दलित लेखकों में बन गया। किसी पुस्तक से लेखक कितना बड़ा हो जाता है इसकी यह मिसाल थी। मल्लिका अमर शेख की 'मला उध्वस्त व्हायचय' आत्मकथा मेरी प्रिय आत्मकथा है। मैं उनकी लेखन शैली का क़ायल हूँ। नामदेव ढसाव और मल्लिका अमर शेख का मुझ पर प्रभाव है।

लेखक के रूप में मुझे पहचान मिली और पुस्तक छपने की सारी दिक़्क़तें दूर हो गयीं। इतना ही नहीं मेरी पुस्तकें छापने के लिए माँग की जाने लगी। पहले इसीलिए लिखता था कि लिखना प्रेरित करता था। अब लिखता हूँ क्योंकि कोई छापने के लिए माँगता है। किसी

के उकसाने, पीछे पड़ने से ही लेखन होने लगा है अब! लिखते रहना चाहिए इस हेतु प्रतिवर्ष कम-से-कम एक पुस्तक तो प्रकाशित होनी चाहिए, यह भी सोचता हूँ। निरन्तरता अनिवार्य है। मेरे अकेले के लिखने से सामाजिक परिवर्तन की आवश्यकतापूर्ति नहीं हो सकती, इस सोच से लगता रहा कि कइयों को लिखना चाहिए। इसी भूमिका के तहत मैंने कई विषयों पर ग्रन्थ सम्पादित किये। प्रतिष्ठित लेखकों के लेखन के साथ नवोदितों के लेखन को लेकर मैंने ग्रन्थ प्रकाशित किये। इससे कइयों को लिखने की प्रेरणा मिली। सम्पादन कार्य से कई लेखकों से दोस्ती हुई। सह-लेखन का अनुभव आया। सम्पादित पुस्तकों से पाठकों को सुविधा उपलब्ध हुई और मुझे पाठकों से मिलने का सौभाग्य। अध्येताओं को भी इससे लाभ हुआ। दुर्लभ साहित्य उपलब्ध हो सका। सम्पादित पुस्तकों की प्रस्तावनाएँ लिखते-लिखते दोस्तों की पुस्तकों के लिए प्रस्तावनाएँ लिखने का अवसर मिला। सम्पादन कार्य से पाण्डुलिपियाँ पढ़ने की कला अवगत हुई। पुस्तकों से अधिक पाण्डुलिपियों से लगाव बढ़ता गया। अन्यों से लिखवाने का हुनर प्राप्त हुआ। इस कारण अच्छी दलित आत्मकथाएँ पाठकों के सामने आयीं, इसका मुझे सन्तोष है। लक्ष्मण गायकवाड जी की 'उचल्या', किशोर काळे जी की 'कोल्हाटयाचं पोर', बालासाहब गायकवाड की 'ख्रिस्ती महार', इब्राहीम ख़ान की 'मुस्लिम महार', अशोक पवार की 'बिराड', भगवान इंगले की 'ढोर' इनके और ऐसी कई आत्मकथाओं के लेखन में और उनके प्रकाशन में मेरा गिलहरी का योगदान है। इसका श्रेय जाता है लक्ष्मण गायकवाड जी को। उनकी 'उचल्या' आत्मकथा को साहित्य अकादेमी का पुरस्कार प्राप्त हुआ। उन्हें कई और मान-सम्मान, पुरस्कार मिले। उनके भाषण, साक्षात्कार प्रसारित हुए। इस सब में उन्होंने मेरा उल्लेख किया। मुझे श्रेय दिया। इससे हुआ यह कि आगे चलकर कइयों ने अपनी आत्मकथाओं की पाण्डुलिपियाँ मेरे पास भेजीं—संशोधन हेतु। लक्ष्मण गायकवाड मेरे ख़ास मित्रों में से एक हैं। कई अवसरों पर हम एक साथ होते हैं। अतः दोस्ती सभी को ज्ञात है। 'अक्करमाशी' से भी 'उचल्या' के अनुभव दाहक हैं। अतः वे मुझसे श्रेष्ठ लेखक हैं।

अशोक पवार की 'बिराड' मेरी और एक प्रिय आत्मकथा। 'बिराड' में व्यक्त अनुभव और लेखन शैली दोनों अप्रतिम हैं।

मेरा आज तक का सम्पूर्ण जीवन समस्याओं का ताना-बाना रहा है। किसी गुनहगार ने गर्दन पर छुरा रखा हो ऐसे तनाव से ज़िन्दगी का हर लम्हा जी रहा हूँ। तब भी पढ़ता हूँ, लिखता हूँ। जब तनाव अत्यधिक बढ़ जाता है तब मैं ख़ूब लिखता हूँ और तनाव से मुक्ति पाता हूँ। तनाव मुक्त, आनन्दमय! –ऐसे में लिखना चाहता हूँ लिख रहा हूँ और सूझता भी है। ऐसा मोहक दृश्य कम ही नसीब होता है। हमेशा का हाल यह है कि लिखना ही है, सूझे या न सूझे, काग़ज़-पेन अपनी ओर खिसकाना है, लिखना ज़रूरी है इसी के तहत ही अक्सर लिखा जाता है। नींद आने तक लिखता रहता हूँ। हाथ दुखने तक लिखता ही जाता हूँ। फिर सूझने भी लगता है, हाथ तेज़ रफ़्तार चलने लगता है, अब हाथ और पीठ दुखने लगते हैं। मैं परवाह नहीं करता। हज़ारों वर्षों की व्यवस्था खदेड़नी जो है। लिखना होने पर सो जाता हूँ। कुछ सूझने पर फिर उठता हूँ। लिखता हूँ। रात के दो, तीन, चार बज जाते हैं। कभी तो रात-रात नींद नहीं आती। बीच-बीच में जागना, लिखना, सोते हुए फिर जागना–यही चलता रहता है। मेरी कोई किताब जब अधूरी होती है तब उसके पूरा होने तक यही सिलसिला चलता है। किताब पूरी होने तक मैं उलझन में रहता हूँ। पूरी लिखने के पहले ही मैं मर गया तो? यह विचार त्रस्त करता है। अधूरी किताब तो छप जायें कम-से-कम, यह सोचकर मैं सारे पन्ने करीने से लगाकर रखता हूँ ताकि पत्नी उसे प्रकाशक तक पहुँचा सके। पत्नी से उस किताब के बारे में विस्तार से कहकर रखता हूँ। दरअसल होना यह चाहिए कि मेरे मरने पर मेरी पत्नी-बच्चों का क्या होगा? लेकिन यह फ़िक्र मुझे बेचैन नहीं करती। अधूरी किताब का क्या होगा, वह पूरी कैसे होगी, यही विचार प्रबल रहता है। और जब किताब पूरी हो जाती है तब मैं बेहद ख़ुश हो जाता हूँ।

लिखने के पूर्व ढेर सारा विचार... प्लॉट की तैयारी... आदि-आदि मैं कुछ भी नहीं करता। बस! लिखने लगता हूँ और अपने आप गुफ़ा

के बन्द दरवाज़े खुलते जाते हैं। आरम्भ करने से पहले 'क्या लिखें?' का प्रश्नचिह्न उपस्थित होता है लेकिन लिखना आरम्भ होते ही क़लम तेज़ दौड़ने लगती है। आजकल पढ़ना कम हो गया है, लिखना बहुत है और जीवन घटता जा रहा है की कसक व्याकुल किये जाती है।

शोषण और सेक्स के सम्बन्ध में लिखते समय मैं अधिक सामर्थ्य से लिखता हूँ। स्वतन्त्रता और न्याय मुझ पर सदा हावी रहते हैं। मानवाधिकार मेरे चिन्तन का विषय है। दलित सम्बन्धी ही लिखूँ, यह मैंने तय किया है। अनगिनत वर्षों से किसी ने दलितों के बारे में कुछ लिखा नहीं है। उन्हें लिखना-पढ़ना मना था। अब हम लिख-पढ़ सकते हैं। मुझे यह खाई पाटनी है। यह मेरी बुनियादी ज़रूरत है। हम भी दलितों के बारे में लिखने में आनाकानी करेंगे तो वह ऐतिहासिक भूल होगी। सामाजिक परिवर्तन लाने हेतु लिखना निहायत ज़रूरी है। दलित साहित्य आज का क्रान्ति विज्ञान है। इसी भूमिका से मैं लिखता हूँ। आरम्भ में मराठी भाषा और महाराष्ट्र मेरे लिए, मेरे कृतित्व के लिए मंच था। अब महाराष्ट्र और मराठी के दायरे के बाहर का विशाल जगत् मेरा गन्तव्य है। महाराष्ट्र के बाहर, भारत के बाहर भी दलित हैं। हिन्दू धर्म में दलित, हिन्दू धर्म के अलावा भी दलित हैं। लगता है मैं इन सबका ऋणी हूँ। बाबा साहब की दी हुई दीक्षा से ईमान रखना है। मैं लिखता हूँ यानी प्रहरी की भूमिका निभाता हूँ।

मात्र लेखन करना मेरा उद्देश्य न था। वह समय दलित साहित्य को समृद्ध और सुस्थिर करने की चुनौतियों से भरा था। समीक्षकों को रचनात्मक जवाब देने का समय था वह। दलित साहित्य की सभी विधाओं में सृजनात्मकता आवश्यक थी। अतः स्थापित दलित लेखकों को चाहिए था कि वे सभी विधाओं में क़लम चलायें। 'दलित लेखक आत्मकथा लिखकर एक पुस्तक में समाप्त हो जाता है'—इस आक्षेप का खण्डन करना था। 'दलित उपन्यास उपेक्षित है'—इस टिप्पणी से मैं व्यथित होता था। अतः मैंने तय कर उपन्यास लिखना आरम्भ किया। 'उपल्या' (1998), 'हिन्दू' (2003), 'बहुजन' (2006) ये धारावाही उपन्यास लिखे। 'उपल्या' पर काफ़ी चर्चाएँ हुईं। 'हिन्दू' उपेक्षित रहा।

'नेमाडे' हिन्दू लिखने वाले थे, 'लिंबाळे' हिन्दू लिख गये—इस टिप्पणी के अलावा ज़्यादा कुछ सुनने को न मिला। उसके बाद 'बहुजन' उपन्यास प्रकाशित हुआ। दरअसल ये तीनों राजनीतिक उपन्यास हैं। ये उपन्यास डॉ. बाबा साहब आम्बेडकर निर्वाणोत्तर कालखण्ड के समकालीन यथार्थ को मद्देनज़र रखकर लिखे गये हैं। अन्यों को जाने दीजिए, दलित लेखकों तक ने शायद ही इन्हें पढ़ा हो। पहले पुस्तक के प्रकाशित होने पर उस पर चर्चाएँ छिड़ जाती थीं। आजकल अच्छी पुस्तकें दलित साहित्य में आ रही हैं लेकिन उनके बारे में कोई कुछ नहीं कहता। एक छुपा जातीयवाद सिर उठा रहा है। वह यह कि 'दलित लेखक सिरचढ़े हो गये हैं। उन्हें जगह दिखानी चाहिए।' साहित्य क्षेत्र में भी जातिवाद!

अस्मितादर्श के दीपावली विशेषांक में 'दंगल' उपन्यास प्रकाशित होने पर कइयों ने उपन्यास की भाषा पर आपत्ति उठाई थी। 'भाषा गाली-गलौज वाली है। बोली है।' कहकर नाराज़गी व्यक्त हुई थी। आंचलिक साहित्य की भाषा की जितनी प्रशंसा की जाती है उतनी प्रशंसा प्र. ई. सोनकांबळे (लेखक) के अलावा किसी और लेखक को नसीब नहीं हुई। दलित लेखकों की आक्रामक शैली और अहंभाव को ठेस पहुँचाने वाली गाली-गलौज युक्त भाषा के कारण आरम्भ से ही दलित लेखकों की शैली उपेक्षित रही। दलित साहित्य की समीक्षा समाजशास्त्रीय पक्ष से ही होती रही। विषयनिष्ठ समीक्षा आज भी नहीं की जाती। इस कमी को पूरा करने हेतु मैंने समीक्षा लेखन किया। 'दलित साहित्याचे सौन्दर्यशास्त्र' (1996), 'साहित्य के निकष बदलने होंगे' (2005), 'ब्राह्मण्य' (2007) मेरे समीक्षा ग्रन्थ हैं। पुस्तकों के शीर्षक के आसपास ही समीक्षकों की प्रतिक्रियाएँ ठहर गयीं। एक बात मुझे भा गयी कि मातंग समाज के लेखकों ने उपन्यास विधा को सक्षम बनाया है। अण्णाभाऊ साठे, उत्तम बण्डू तुपे, नारायण कांबळे के उपन्यास सक्षमता के दर्शन कराते हैं। 'फकिरा', 'झुलवा', 'राघववेळ' सर्वोत्तम दलित उपन्यास हैं। आदिवासी और घुमन्तु जनजाति समाज के लेखकों की आत्मकथाओं ने दलित साहित्य की सीमाओं का विस्तार किया है। लक्ष्मण माने की 'उपरा', लक्ष्मण गायकवाड की 'उचल्या', अशोक

पवार की 'बिराड' आदि आत्मकथाएँ इन लेखकों की धाक दर्शाती हैं।

कविता, कहानी, नाटक विधा में बौद्ध यानी पूर्वाश्रम के महार लेखकों का काम लाजवाब है। ढसाळ जी की कविता, बागुल जी की कहानी, दत्ता भगत, प्रेमानन्द गज्वी, संजय पवार के नाटक मराठी साहित्य में बेजोड़ हैं। वैचारिक लेखन में भी बौद्ध लेखक अग्रसर हैं। चर्मकार समाज के राम दुतोंडे, ना. म. शिन्दे, लहु कानडे, नामदेव व्हटकर का लेखन मेरा पसन्दीदा लेखन है। 'रापी जेव्हा लेखणी बनते', 'मेलेले पाणी', 'क्रान्तिपर्व', 'मु. पो. देवाचे गोठणे', 'जातीला जात वैरी' आदि पुस्तकें चर्मकार समाज के लेखकों की देन हैं। वाहारु सोनवणे, भुजंग मेश्राम, नजूबाई गावित इन आदिवासी लेखकों ने दलित साहित्य को और समृद्ध किया। जिससे दलित साहित्य की पहचान एकजातीय न रहकर बहुआयामी हो गयी। आर. पी. आय या दलित पैंथर जैसे संगठन एकजातीय रहे, अतः सीमा में सकुचाते रहे। प्रभावहीन होते रहे। दलित साहित्य इससे बचता रहा। इसमें सभी दलित जातियाँ समाविष्ट हुईं। इतना ही नहीं प्रगतिशील विचारों के दलितेतर लेखक-समीक्षक जितने बड़े पैमाने पर दलित लेखक अपने साथ लेकर चले उतनी मात्रा में दलित नेता कार्यकर्ताओं ने पुरोगामी नेतृत्व को अपनाया नहीं। परिणामतः दलित आन्दोलन अकेले सिपाही की तरह लड़ता रहा। दलित साहित्य इससे भिन्न है। व्यापक सामाजिक, राजनीतिक हित में मैं लेखन करता हूँ। बहुजन समाज को अपने साथ लेकर चलना है। समय की यही माँग है। आरम्भ में लिखे 'दंगल' उपन्यास की भाषा और बाद में आये 'उपल्या', 'हिन्दू', 'बहुजन', 'झुण्ड', 'गर्व से कहो', 'सनातन' और 'रामराज्य' उपन्यासों की भाषा में ज़मीन-आसमान का अन्तर है। दलित साहित्य के आरम्भ बिन्दु पर सभी लेखक-समीक्षक बोली की प्रयुक्ति का समर्थन कर रहे थे। परिनिष्ठित भाषा पर धावा बोलते रहे। उनका तब यह मानना था कि परिनिष्ठित भाषा में दलित जीवन के सन्दर्भों को अभिव्यक्त करने के लिए शब्द नहीं हैं। माई को माता कैसे कहें? इस पर बहस करने का वह काल था। लेकिन अब दलित मध्यवर्ग में पापा, मम्मी, डैडी, बाबा, माँ जैसे शब्द सहज

सुनने में आते हैं। दलितों के कॉन्वेंट में पढ़े बच्चे दलित साहित्य पढ़ते नहीं। उन्हें दलित साहित्य की भाषा समझती नहीं। बोली की अपेक्षा परिनिष्ठित भाषा सहज पढ़ी जा सकती है। अतः मैंने बाद में मानक भाषा में लेखन किया। मानक भाषा को कलात्मक चेहरा देने का प्रयास किया। 'हम भी मानक भाषा में लिख सकते हैं' इसका प्रमाण देना था। दूसरा यह कि बोली में लिखे अनुभवों का अनुवाद मानक भाषा में होता रहा है। मराठी की बोली में लिखी पुस्तक अन्य भाषा में जब अनूदित होती है तब वह मानक भाषा में ही होती है। और वह चर्चा में भी रहती है। बोली की अपेक्षा अनुभव महत्त्वपूर्ण होता है। अनुभव किसी भी भाषा में व्यक्त हो, मायने रखता है। श्रेष्ठ रहता है। सो मैंने बोली को तूल नहीं दी, ना ही उसके अभिनिवेश को। 'अक्करमाशी' बोली में लिखी थी। 'पुन्हा अक्करमाशी' मानक भाषा में लिखी। कइयों को यह जँचा नहीं। लेकिन इसके कई संस्करण निकले। पाठक पढ़ रहा है फिर दलित लेखक बोली के कठघरे में क्यों रहें।

दलित किसी एक जाति में नहीं, एक धर्म में नहीं बल्कि कई जातियों-धर्मों में हैं। दलित न केवल एक प्रदेश में नहीं, बल्कि कई प्रदेशों में हैं। भारत की प्रादेशिक भाषाओं में दलित साहित्य रचा गया है। भारतीय साहित्य में दलित साहित्य का अनूठा तथा स्वतन्त्र स्थान है। मराठी का 'दलित साहित्य-आन्दोलन' गत पचास वर्षों से लेखन कर रहा है फिर भी दलित साहित्य का नाम क्या होगा, इस पर बहस करने में अटका है। त्रासदी यह है कि दलित राजनीतिक आन्दोलन ऐक्य के परे नहीं पहुँच पा रहा है और दलित साहित्यिक आन्दोलन साहित्य के लिए नाम ढूँढ़ने के परे जाना नहीं चाह रहा है। तिस पर तुर्रा यह कि 'साहित्य के नाम की चर्चा करने वाले सभी अ-साहित्यिक हैं।' ऐसी टिप्पणी करने वालों से मैं कहना चाहूँगा कि भारतीय साहित्य में वे कहाँ हैं इसकी ज़रा जाँच-पड़ताल करें। भारतीय दलित साहित्य का नेतृत्व मराठी के दलित लेखकों को करना है इसे कोई न भूले।

दो

'दलित' शब्द आमतौर पर हिन्दू अनुसूचित जाति निर्देश वाचक है। अतः चर्चा भी होती है तो दलित साहित्य यानी हिन्दू दलित साहित्य की। अब उसमें बौद्ध दलित जुड़ गये हैं। दलित यानी सिर्फ़ हिन्दू अनुसूचित जातियाँ नहीं हैं। दलित यानी अनुसूचित जाति-जमाति। और धर्मान्तरित हिन्दू अनुसूचित जाति-जमाति। अतः बौद्ध दलित, ख्रिश्चन दलित, मुस्लिम दलित, सिक्ख दलित, हिन्दू दलित इन सबका समावेश 'दलित' शब्द में होता है। राष्ट्रीय स्तर पर धर्मान्तरित ख्रिश्चन दलितों के साहित्य की बड़े पैमाने पर चर्चा हो रही है। 'धर्म कोई भी हो, प्रदेश कौन-सा भी हो, भाषा कोई भी हो वहाँ के दलितों की वेदना मेरी है' यही दलितों की वैश्विक भावना है। जब तक विषमता जड़ से उखाड़ी नहीं जाती तब तक यही भूमिका दलित लेखक की प्रेरणा बनी रहेगी।

दलित भारत के बाहर भी हैं। पाकिस्तान, नेपाल, बांग्लादेश, पूर्व अफ्रीका, केरीबियनकंट्रीज, यू.एस.ए, और यू.के. में भी दलित हैं। वे भी जातिवाद के शिकार हैं। हिन्दू भारत के अलावा अन्य भी जा बसे हैं। वे अपनी जाति साथ ले गये। वहाँ भी जातिवाद की मानसिकता ने दलितों पर ज़ुल्म ढाये। गोरे लोग भी काले लोगों का शोषण करते हैं। इन सभी को 'दलित' शब्द की कक्षा में लाना चाहिए। अपनी भूमिका यही होनी चाहिए। इन सभी की मुक्ति का विचार ही अम्बेडकरी विचार है। यही अपनी निष्ठा होनी चाहिए।

आरम्भ में कविता लेखन में अपशब्दों को प्रचुर मात्रा में प्रयुक्त किया गया और पौराणिक बिम्बों को भी। पौराणिक बिम्बों पर आक्षेप उठाये गये। इनको प्रयुक्त न करने की सलाह दी गयी। पुराणों में विषमता है अतः उनके बिम्ब, प्रतीक क्यों अपनाये? ऐसे प्रश्न उपस्थित किये गये। 'दलित कवि नये बिम्ब गढ़ें', यह आग्रह भी होने लगा।

मेरे लेखन में पुराण बिम्ब काफ़ी हैं। वह आरम्भ बिन्दु था और दलित साहित्य की सभी विशेषताएँ अधो-रेखांकित किये जाने का समय था। मैंने बचपन में पौराणिक साहित्य, पुराण-साहित्य ख़ूब पढ़ा है।

यह उसका प्रभाव है। मेरे मन की व्याकुलता, आक्रामकता, बेचैनी, असहायता का विस्फोट मेरी कविता में हुआ। नये को आकार देने के लिए रखी सुरंग सदृश्य है मेरी कविता! विषमता को ध्वस्त कर समता प्रस्थापित करने हेतु किया गया कई सुरंगों का विस्फोट है, उद्रेक है यह। यह यल्गार है।

–शरणकुमार लिंबाले

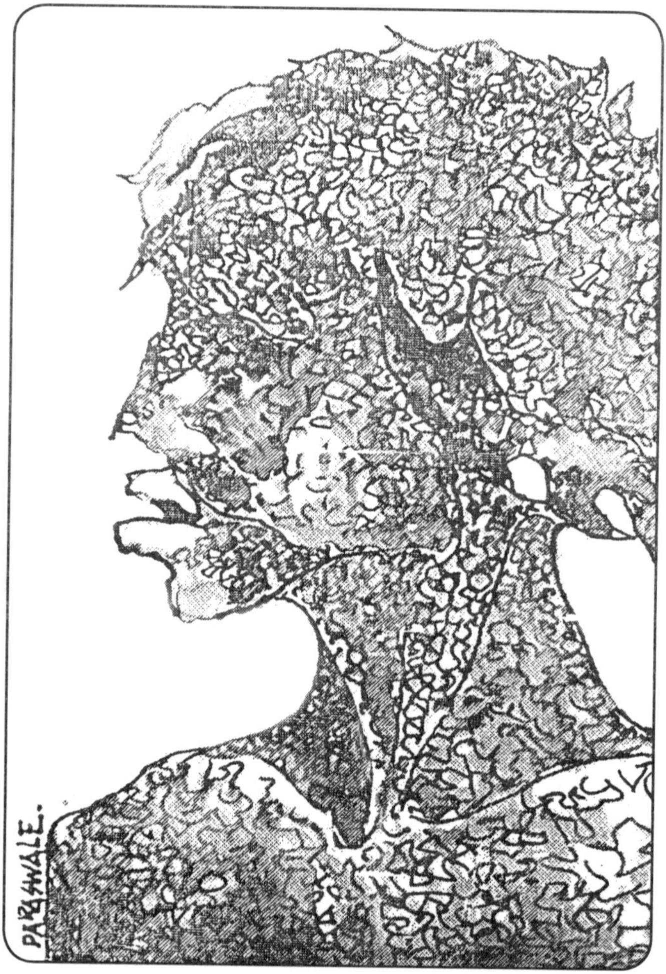
PARSHWALE.

मैं कौन?

किसके लिए है यह तेजोनिधि सूरज?
और यह अन्तहीन आकाश?
यह असीम समन्दर
और यह अति विशाल देश
किसके लिए है?
यह संसद, यह संविधान, ये लोग...
यह समाज, यह क़ानून किसके लिए?
ये लोग, लोग लगते ही नहीं...
खूँखार जानवरों के झुण्ड हैं ये...
मैं जी कहाँ रहा हूँ यहाँ?
मैं तो बस मौत से आँखें चुरा रहा हूँ...
पल-पल
ज़िन्दगी पर टँगी मौत!
ये भी कोई जीना है?
जलती हुई झोंपड़ी में
झुलसते हुए जीने की दमघोंटू कोशिशें सिर्फ़!
वाक़ई कौन हूँ मैं? और किसके लिए हूँ?
गूँगी सत्ता, गूँगी जनता, गूँगी संस्कृति!
वेद भी गूँगे! शास्त्र गूँगे और मनुस्मृति भी!!!

दंगा-फ़साद

जातीय दंगा-फ़साद की गोलाबारी में
मर गये मेरे बाप की लाश उठाते हुए
मुझे लगा
मेरा ही विभाजन हो गया है
देश से!
मुख्यमन्त्री निधि से मिला बाप का मुआवज़ा
सरकारी मदद!
मेरा लावारिस होना
और माँ का बेवा होना...

माँ की भर आयी आँखें
नोटों में से बहती रहीं—बाढ़-सी!
बाप मुआवज़े में ख़र्च होता रहा
मन्त्रालय के पाँव
माँ के बिस्तर पर
हर रोज़ समाचार-पत्रों में
मनाने-रिझाने के बहाने!

माँ, मैं, भाई-बहन
सरकारी मदद बाप की लाश-सी
माँ की गोद में!
मैं पाँच हज़ार नोट गिनता रहता हूँ
पाँच हज़ार बार राजमुद्रा ही दिखती है
ख़ूनी की तरह!
बाप कहीं भी नहीं दिखता!!!

बहुमत

मेरे पदचिह्न
मिटाने पड़ते हैं मुझी को
इतिहास की झाड़ू से!
गले में लटकी मटकी में थूकते वक़्त
थूक में छटपटाता मेरा सार्वभौमत्व
मेरी परछाईं इतना ही
मेरा देश!
अरे! झिंझोड़ दो उन मतपेटियों को!
हमारे ही बिचौलियों की सौदेबाज़ी
अमीरों के साथ मिलीभगत है यह।
यह बहुमत मनु का है।
और दलितों के खाते में क़ैद-ए-बामशक़्क़त।

खूँखार दिशाएँ

इन खूँखार दिशाओं में से
सुन रहा हूँ आवाज़ें दहशत भर जत्थों की!
ये जालिम बेबाक अधिकार
किये जा रहे हैं अतिक्रमण मुझ पर
और मैं धँसा जा रहा हूँ उनकी थूक में और पाँवों तले
मेरी ही प्रश्वास में दम घोंटा जा रहा है मेरी श्वासों का
मुझे मुक्त कर दो यारो।
वेद-पुराणों की बदनामी के इलज़ाम से!
मुझमें का असन्तोष तूफ़ान बन छा रहा है
ऐ मातृभूमि
मैं प्रेम करता हूँ तुझसे
यह मात्र राष्ट्रभक्ति नहीं है
मेरा भी तो हक़ है इस ज़मीन पर!
ऐ मेरी प्यारी मौत
चली आ तू ऐसी कि बन्दूक़ से निकली हो गोली जैसे!
भरे बाज़ार में
आदमखोर जत्थों के हाथों
छटपटाती हुई मौत को मेरी
देख लें दिशाओं को ज़रा! इस ज़मीन को भी।
चरमरा जाने दे मेरी मौत से गाँव की सीमाएँ
जागने दो कई मौतों को
कई चिताओं को जीवन बन जाने दो
मेरी इस मौत से!!!

बाहरी

मेरा इनके साथ भोजन करना
आमन्त्रित करता है कई संशयग्रस्त नज़रों को
मेरी ओर
जैसे कि कोई ब्याहता
पर पुरुष के साथ बोल रही हो!
मैं बाहरी कैसा यहाँ?
इस देश पर फैली है राख नेहरू जी की
और वह मनुस्मृति की कैसे बन गयी?
दहकता हुआ यह कोयला हिमनग-सा
तुमने जलायी हुई झोंपड़ी में के
मेरे विद्रोही बच्चे की
तनी हुई मुट्ठी होगा
याद रखना!

बताओ कॉमरेड!

कॉमरेड!
देखा है मैंने
माँ के बदन से टपकता पसीना
रास्ते बुहारते हुए रिसता हुआ
और फूलों को झुलसते हुए भी देखा है!
कॉमरेड!
फूलों में फुदकने की उम्र में
पीठ पर हड्डियों से भरा बोरा लादकर
दर-दर भटकते हुए
किलो के भाव हड्डियाँ बेचकर
गृहस्थी चलाते समय
हर मौसम यहाँ बैरी हो जाता है रे!
तू ही बता कॉमरेड!
कितनी बार जचगी करने की माँ की?
और भाई-बहनों को पालने का
अपने बच्चों-सा?
बता दो कॉमरेड!
पेट के साथ पीठ बेचकर जीते हुए
जहाँ गिरवी रख दी जाती है ज़िन्दगी ही
वहाँ आसमान किसका होता है?

युगविधान

जहाँ तक नज़र दौड़ाता हूँ मैं
वहाँ तक दिखाई देती हैं मुझे
तनी हुई मुट्ठियाँ
ख़ून के धब्बों जैसी!
ऐ मातृभूमि!
मैं आता हूँ तेरी ओर अनाथ बच्चे-सा
और तुम भेजती हो हमलावर?
तुम्हारा थूक झेलने पर
भले ही कहते हो 'ख़ूब'
पर जब भीख माँगने आता हूँ द्वार पर तुम्हारे
बासी रोटी का दान देते हो दानवीर बनकर तब?
मैं जब अपने पैरों पर खड़ा हो जाता हूँ
तो तुम्हें लकवा क्यों मारता है?
जब मैं जीता हूँ गर्दन ताने
तब क़ानून के फन्दे कसने की तरकीबें क्यों ढूँढ़ते हो?
और भेज क्यों देते हो गुण्डों की टोलियाँ मेरी ओर?
मैं गूँगा था आजतक
शब्द मिल नहीं रहे थे।
भाषा उभर नहीं रही थी!
और आज
उनके नाम पर बोलता हूँ
जिन्होंने सँजोया धरती को अपनी हथेलियों पर!

ये मेरी आवाज़ कहाँ?
यह है युग विधान!
उभरी हुई तनी मुट्ठियों में एक चाहत
मेरी भी तनी हुई मुट्ठी—घने अँधियारे की दिशा में!!!

वह आवाज़ वह दिशा

भरी दोपहरी का सूरज माथे पर
लेकिन आधी रात का अँधेरा फैला हुआ!
इस रोशनी में क्यों नहीं दिखता
मुझे मिला हुआ स्वराज्य?
यह कैसा इलज़ाम है कि
मैं मनुष्य ही नहीं हूँ!
कौन ख़रीदेगा मेरी माँ की आँखों में के आँसू?
मेरी पत्नी को नंगा कर निकाले गये इस शर्मनाक
मजहबी जुलूस में कौन नाचने वाला है?
मेरे दूध पीते बच्चे के होठों की किलकारियाँ
कौन ख़रीदेगा माटी मोल भाव?
मुझे पता है
वह आवाज़, वह दिशा
मुझे नंगधड़ंग बनाने वाली!
आख़िर मेरा गुनाह क्या है?
क्यों बनाया जा रहा है मुझे बलि का बकरा?
मेरी पुकार सुनायी नहीं देती क्या?
और मेरा आक्रोश?
ये रास्ते पर के पत्थर!
मेरी ओर क्यों फेंके जा रहे हैं झन्नाते हुए?
मैं कोई नहीं हूँ तुम्हारा?

पत्थर मार-मार कर जब थक जाओगे तुम
पत्थरों के ढेर होंगे तब मेरे पैरों तले
और तुम
निःशस्त्र! निरुपाय!!

पदचाप

घने अँधेरों में से मैं चला जा रहा हूँ
धुआँधार बरसती बरसात जैसा
रास्ते पर चारों तरफ़ दिख रहे सिर्फ़ चुनाव
उड़ा दिये गये पुल-से!
वे मन्त्रियों की गाड़ियाँ...
और वे एस.आर.पी की...
यह सेना की गश्त...
और इस सार्वभौम जुआरी अड्डे पर
दाँव पर लगा दिया मुझे द्रौपदी-सा किसने?
क्रान्ति इस चौक से नहीं आयेगी!
विजयी उम्मीदवार की तरह गाजे-बाजे के साथ!
वह मिलों में से भी नहीं आयेगी
मज़दूरों के जत्थे-सी!
मेरे होंठों पर, तुम्हारे होंठों पर
यह हलचल कैसी?
और हवा के होंठों पर भी?
लगती है मुझे यह क्रान्ति की पदचाप!
सेना वापस बुलानी होगी
उन्हें चाहिए कि वे बन्दूक़ नीचे रखें।
सेना का हुलिया भी बदलें।
और अपने बाल-बच्चों-औरतों के
वे गले मिलें जोश से!

रामराज्य

कहीं भी किसी अछूत पर हमला नहीं?
एकाध बलात्कार भी नहीं?
झुग्गी-झोंपड़ियाँ जलायी भी नहीं गयीं?
दलितों की हत्याएँ नहीं...
मेरी समझ के परे है यह सब।
कहीं से भी आक्रोश सुनायी नहीं देता?
किसी भी कोने से कोई चीख़ नहीं?
वाक़ई रामराज्य स्थापित हुआ है?
नहीं!
मैं नहीं यक़ीन कर सकता।
हाँ ज़रूर कहीं ज़बान पर ताले लगवाये गये हैं।
मार तो पड़ ही रही होगी!
चीख़ों को दबाया जा रहा होगा!
और हाथों को छेदा जा रहा होगा!

राख

प्रियतमा...
तुम्हारा प्यार बलि चढ़ते समय
कोई कवि हृदय छटपटायेगा नहीं
क़लम नज़र क़ैद में होगी!
हे प्रियतमा!
हमलाखोर कर रहे होंगे प्रहार
तुम पर
और मैं हारी हुई सेना-सा बेबस होऊँगा।

सुनो सजनी...
जब जलायी जाती हैं हमारी झोंपड़ियाँ
हम जलते रहते हैं
चिता-से लावारिस!

हाँ, लेकिन तुम ज़रूर आना
घमासान रणभूमि की तरह व्याकुल...
मेरी राख देश की सीमाओं पार फेंकने!
यहाँ के तीर्थ क्षेत्रों को
अपावन नहीं करना चाहता मैं!

राख के ढेर में

तुम्हारे सर पर का पल्लू
राष्ट्रीय ध्वज-सा प्यारा लगता है
इस पीठ पर किसी का
हाथ ममता भरा सहलाने आया ही नहीं

पुलिस की लाठियों की मार से
आन्दोलन का आरम्भ किया था
तुम ही थीं जिसने तेल मालिश कर
ज़ख़्म सेंके थे अँसुवन भरी आँखों से!

मोर्चा, भाषण, पुलिस वैन, जेल,
वारंट, कोर्ट की तारीख़ें
मैंने गृहस्थी निभायी रास्ते की
और घर पर उड़ रही थी राख!

लाठीमार, पत्थर मार, अश्रुधुआँ
हवा में की गोलीबारी...
याद कैसे आये तुम्हारी...
तुम्हारे होंठों की?

तुम तमाकू देती हो
चूना माँगती हो

हम रोज़गार हामी के काम पर चलते हैं
अकाल में पानी के टैंकर जैसे!

इस बाँध के पेट में
दो बूँदें ख़ून की...
दो बूँदें आँसुओं की
दो बूँदें पसीने की
दफ़न हैं नवजात शिशु-सी
गला घोंटे हुए!

जिसके होंठ

फाइव स्टार होटलों के साये में
पलता-बढ़ता मेरा देश
संशय के घेरे में अटकी मौत-सा प्रशासन
मैं निहारता हूँ
हगनहट्टी की सफ़ाई कर आयी हुई
मेरी प्रियतमा को—
जिसके होंठ
भीनी सुगन्ध में लिपटे
नेहरूजी के कोट में टँगे गुलाब से अधिक
महके-महके...
जो ख़ूबसूरत है
पन्द्रह अगस्त से भी ज़्यादा
वह मुझमें होती है
बवण्डर-सी
उसके गालों पर
भरी जवानी में उभरी झुर्रियाँ
और उसमें दफ़्न इस देश का सार्वभौमत्व!
उसके आँसुओं से
खिले हैं बाग़ अनगिनत सिसकियों के
राष्ट्रगान करने हेतु...

मशाल

तुम
अगड़धत्त गुलामी का शिल्प
मेरी अनगिनत पीढ़ियों के भोगे हुए
दुखों की मुहर।
तुम
भूखों की भूख
और प्यासों की प्यास
क्यों किया दोस्ताना इस धूप के साथ?
क्यों कर रही हो प्रतीक्षा इस मृगजल की?
पानी बरसने की आस में?
फ़ुटपाथ पर सोयी तुम्हारी गोद में से निकलकर
चला गया मैं तथागत के समान—
झुग्गी-झोंपड़ियों में से
चौदह अगस्त की मध्यरात्रि मशाल मोर्चा हेतु
और तुम्हारी मीठी नींद में भी आया
मशाल की तरह!
मुस्करा रही थीं तुम सपने में
क्यों? कहीं मैं तो नहीं दिखा था तुम्हें
तथागत की तरह?
मैंने देखी हैं तुम्हारे होठों पर
वे हज़ारों मशालें

जो प्रज्वलित रहा करती हैं बाबा साहब के बुत के सामने!
आग भभकी मशालें वे
और होंठों में मुस्कराती
बिल्कुल तुम्हारी तरह!

चौदह अप्रैल

तुम्हारी आँखें
मज़दूरी कर लौटते मज़दूर-सी दृढ़
और होंठ
सेंकी हुई रोटी-से
अपने होंठों से छूते हुए
छुये थे मैंने तुम्हारी पीठ पर उभरे हुए मार के निशान!
मैं कैसे भूलूँ?
भूखी रहकर तुमने
परोसी थी रोटी मुझे तब
तुम्हारे हाथ मातृभूमि-से लगे थे मुझे।
तुम्हारे आँसू
श्रुति-स्मृति-संविधान से
रिसते ज़ख़्मों जैसे
और हँसी तुम्हारी
संसद में पेश किये जाने वाले 'बिलों' से भी मज़बूत!
सिरहाने रखी चट्टान-सी
भूख मिटाने वाले भूसे-सी तुम
जब मैंने समेटना चाहा तुम्हें बाँहों में
फावड़े से तसले में खींची मिट्टी-सा
तुमने कहा था,
'हम एक और गुलाम को
जनम दे रहे हैं'
तुम्हारे गालों पर कौंधी थीं

बिजलियों-सी झुर्रियाँ
तुम कलेक्टर कचहरी-सी
और मैं
निवेदन दे आये शिष्टमण्डल-सा!
तुम्हें अहसास नहीं होता
एक बेचैन गर्भ टहल रहा है यहाँ?
कह दो सखि!
चौदह अप्रैल हो जाओगी तुम?

मोर्चा

खोये हुए बच्चे-सा
यह लोकतन्त्र
जिसे अपने माँ-बाप का नाम पता तक
बताने नहीं आता!

और सत्ता
गर्दन झुकाये चलती पतिव्रता
पति के सम्भोग से एकनिष्ठ

हर एक प्रस्ताव यहाँ के
पूँजीवादी रज़ामन्दी के
कोर्ट-कचहरी स्कूलों के अलावा
दिखता है पन्द्रह अगस्त कहीं?

लाल क़िले से किया गया
देश को सम्बोधित करते हुए
प्रधानमन्त्री का भाषण
सुन रहा हूँ मवाली छोरों के रेडियों पर

और सुनता हूँ
उन औरतों के झगड़ों में बकी गालियाँ भी
अनिवार्य झण्डावन्दन में उपस्थिति दर्ज कराकर
दफ़्तर से लौटते हुए!

मेरी समूची बस्ती निकल पड़ती है
मोर्चा में शामिल होने
और मैं
उनकी राह पर
प्रमुख अतिथि के हाथों फहराये गये
राष्ट्रध्वज-सा
कांजी किये कड़ी इस्त्री के कपड़ों में

मेरे बन्धुओं को 'जय भीम' कहते हुए
सकुचा हुआ मेरा बन्धुभाव
अनुभूत करता हूँ मैं
बन्दी हुक़्म ठुकराकर गिरफ़्त किया गया मोर्चा
मुझी में ही तो हैं!

शब्द

सुनो ऐ शब्दो!
चुल्लूभर पानी के लिए कभी जान दी है तुमने?
दर-दर भटके हो कभी नंगधड़ंग नंगे पाँव?
भूख से तड़पते दिन-रात काटे हैं कभी?
ऐ शब्दो!
तुम्हारी जो पूजा होती रही मन्दिरों में
पोथी-पत्री पुराणों में पाटम्बर पहने हुए।
अब मेरे पास आते हुए
ऐसे क्यों बैठे हो रजस्वला की तरह?
ऐ शब्दो!
तुमसे बेहद प्यार किया मैंने
और बतौर सज़ा चढ़ा दिया गया मुझे सूली पर कई बार!
ज़बान काटी गयी मेरी
कानों में तेज़ाब उड़ेला गया!
फिर भी तुम मुझे बेहद प्यारे लगते हो ऐ शब्दो
मालिक की औरत जैसे!
सुनो शब्दो!
एक-एक कर आते रहो यहाँ
चिड़ियों तरह क़तार में
सूरज बनकर!

नाकाबन्दी

मैं पनपता रहता हूँ बहिष्कृत बस्तियों में जीते-जीते
कुचली गयी बग़ावत-सा भूमिगत
भुखमरी-सा चेहरा, मुरझायी जवानी, फटा शरीर मेरा
पस्त हुई झोंपड़ी मेरी...मेरी ताक़त का अन्दाज़ा इनसे मत लगाना।
मैं इन सबमें रहता ही कहाँ हूँ?
मैं तो
देह के परे, घर-बाहर, देश के परे
ज़ुल्म-ज़बरदस्ती से उठी चीख़ों में
ख़ूनी ख़ामोशी की तरह पनपता रहता हूँ
विद्रोही मनों में!
मैं
मनुष्य, आत्मा, प्राणी, जीव आदि-आदि नहीं हूँ
मैं तो असन्तोष!
लाखों की भीड़ में समाया हुआ!
तनी हुई मुट्ठियों में, बीवी के गर्भ में, माँ की गोद में
मैं ही रहता हूँ।
पनपता रहता हूँ हारे हुए दुःख-सा तहस-नहस!
मेरे सामने खड़े हैं
मेरे ही लावारिस आँसू—नस-नस में समाये हुए अणु-से।
मैं कहीं का नहीं रहा—ना मेरा, ना बीवी-बच्चों का!
मेरे ज़ख़्म
जीने ही नहीं देते मुझे मनुष्य-सा
और मैं भटकता रहता हूँ

दर-दर होशोहवास खोयी हुई बस्तियों में से...
मज़दूर...कुली...रोजंदार...दलित...वेश्याओं के दर पर...
अब विस्फोट होना ही होना है!
प्रलय आनी ही चाहिए!
जीवन-मरण की आस से
समझ लें हम एक-दूसरे को।
वरना हथियार डाल दें प्रलय के सामने...बिना शर्त
चारों खाने चित होते हुए।
और वह भी
मेरे ही साक्षी में!!!

सीमा

आज्ञाकारी बच्चे-सा
युग खड़ा मेरे सामने
मैं रण्डी की तरह गोद में
शब्दों से खेलता हूँ!
वेश्या के दरवाज़े पर खड़ा-सा कोई
वैसा मैं खड़ा रहता हूँ वर्षों के द्वार पर!
मैं किस छुआछूत से जन्मा?
अमावस या पूनम को?
हड़ताल पर बैठे मज़दूर-सा
तालाबन्दी की गयी ज़िन्दगी में
टहलता रहा हूँ मैं!
मैं, मेरा बाप, मेरी माँ-बहन, भाई, बीवी-बच्चे
काका-मामा, मौसी...दादा-परदादा
दोस्त-बिरादर, पड़ोसी
याने मेरा समाज
गाँव के बाहर क्यों?
क्यों बहिष्कृत?
चारों ओर से क़ैद क्यों?
इतना डरते हो हमसे?
हमारे आज़ाद रहने से?
इतनी सजगता बरतनी पड़ती है तुम्हें?
मेरे संसर्ग से बचाते हो अपना दाना-पानी!
अपने देव-धरम!

तुम्हारी समझ में नहीं आता?
ऐसा करना याने दामन में अंगार बाँधना है!
हमारे झोंपड़े जलाते समय
दिखती नहीं तुम्हें जुलूस में उभरी चिनगारी?
देखो तो तनिक मेरी ओर!
कैसी दूरी पर पहुँचा हूँ मैं
दो देशों में की सीमारेखा-सा!
इस ज़ख़्म को सी लो यारो
वरना ये ज़ख़्म खूँखार जंगल होंगे!
दंगे-फ़साद होंगे।

जंगली जानवर

गाँव के बाहर बस्ती में
पनपता हर गर्भ
जन्मतः युद्ध क़ैदी होता है
यहाँ की गुनहगार टोलियों!
प्रकृति प्रदत्त पानी की बूँद भी
पी नहीं सकता अस्पृश्य होने से!
मैं निहारता रहता हूँ प्यासी आँखों से
पानी का असीम फैलाव!
अनगिनत मरने वालों के आक्रोश
ढलते सूरज की तरह आँखों में मूँदे हुए!
तनी मुट्ठियाँ हवा में हवा होती हैं!
बाग़ी गीत सीने से चिपकाकर
नौ महीने की गर्भवती
जान मुट्ठी में लिए
भागती है जंगल-जंगल
जंगली जानवरों को अर्थ ही नहीं समझता
मनुष्यता का!

यह देश

यह देश
वर्ण व्यवस्था का रचा चक्रव्यूह
कैसा भेदन करूँ मैं?
ये दुःशासन, द्रोण, भीम
मेरे ही गाँव वाले
मुसीबत में काम आये, मदद किये लोग...

लेकिन आज
सूई की नोक इतनी ज़मीन देने से नकारते हैं...
अंजुलि भर पानी नहीं दे रहे हैं...

यह कैसी दिशा है जो निगल रही है सूरज को ही?
आँखों पर पट्टी बाँधे
गान्धारी, मेरी माँ
इसने मेरे साथ कभी न्याय किया ही नहीं!

दायें हाथ से देते रहे मुआवज़ा
बायें हाथ से करते रहे खूँखार हमला
अजी कौरवो!
हमने एक ही स्कूल में सीखा है न?
कि भारत मेरा देश है...
सभी भारतीय मेरे बान्धव हैं...

और तुम ही चले
एक-एक घरौंदा गिराने?
आसमान में फैले पंछी देख
अकुलाता राष्ट्रध्वज कुन्ती-सा
अपने ही दंगाई बच्चों को देख!

अब ये आसमान में बिखरे पंछी
किस देश के गान गायेंगे?
चोंच में अपनी,
किस देश का मानचित्र लायेंगे?

तीर्थ

तसले उठाती तसले उड़ेलती
चेहरे की थकान नल पर धोती
गाड़ी पर की पाव-भाजी खाकर
चूना-तमाकू मलती
तुम दिखी थीं मुझे।
काम पर से हँसती-बतियाती लौटती
रास्ते में चार आने की नथनी का दाम पूछती
बिन्दास्त लोकल में चढ़ती
विदआउट टिकट टी. सी. के सामने से जाती
तुम मुझे दिखी थीं!

मोर्चा में शामिल होती
रास्ते पर नारे लगाती हुई
सभा में पर्चियाँ बाँटती
पुलिस का घेरा तोड़ती
तुम देखी थीं!

मैंने देखा है
तुम्हारे गालों पर बहता पसीना
और उसमें मेरी परछाईं भी!
इसके आगे तीर्थक्षेत्र-तीर्थ सब माटीमोल!

तिरस्कृत

मैं
ना तो कभी लापरवाही से बोला
ना ही मुझमें कभी जागी बलात्कारी भावना
मालकिन का दिया हुआ भूसा-कचरा
मुझे अपना हक़ का खाना लगता रहा
मालिक की की गयी ईमानदार सेवा ही
ज़िन्दगी का अर्थ लगती रही
उन कोठी-हवेलियों की रक्षा करना
राष्ट्र रक्षा-सा लगता रहा...

मुझे रास्ते पर सामने से आता देख
माँ अपने बच्चे को खींच लेती है
मेरी छुआछूत न लगे इसलिए...
तब सोचता हूँ मैं
'मेरी परछाईं नहीं होनी चाहिए?
मेरी थूक नहीं होनी चाहिए?
और मेरे पगचिह्न? वे भी न हों?'

इतने तिरस्कार से क्यों थूकती है वह तरुणी?
सूरज के साथ धरती फट जाती है तब!!!

राष्ट्रीयत्व

मैं
एक अमर वेदना!
मेरा अस्तित्व
बँटवारे की कौंधती बिजली की लकीर
जाति-जाति के जोड़ों में से खिसकती-चमकती जाती हुई!
बस में बैठी औरत के धक्के से जगी उत्तेजना इतनी भी
राष्ट्रीयत्व-भावना नहीं जगाती मुझमें उत्तेजना
हर व्यक्ति एक राष्ट्र
कोई बुद्ध, कोई पैगम्बर, कोई येशू
कोई जनेऊ की सीमा में चलता
तो कोई और किसी सीमा में!
जाति, धर्म, पन्थ, भाषा को लिए
सभी का अपना-अपना स्वाभिमान!
और ऐसा ना होता तो
संघर्ष कैसे सुलगता?
आदमी शिश्न थोड़े ही है
जो हिलाकर गर्माया जाये?
मैं
एक क्रूस!
एक जनेऊ!!
एक लिंग!!!
इस देश के गले में बँधा राष्ट्रीयत्व!

जमावड़ा

मुझे स्वीकार नहीं शहरों की यह बनावट
देहातों और मनुष्यों की भी!
ताख़ा में की भँडोली जैसी!
किसी ऐसी औरत के भारी चूत-सी
एकात्मता!
मेले-उत्सवों-उर्स में पुलिस निगरानी में
टहलने वाली एकात्मता!
मैं अपनी ही शर्म करूँ
ऐसी यह ग़रीबी!
मैं ख़ुद से ही डर जाऊँ
ऐसी जाति लिए जीते हुए!
मुझमें मात्र मिलेंगे जातीय दंगे
जगह-जगह काशी-रामेश्वर जैसी!
कब तक आशंका लोगे?
मैं एक स्थिति से गुज़र रहा हूँ
अराजकतावादी-चरमरायी व्यवस्था में जी रहा हूँ!
घसीटा जा रहा हूँ
जगन्नाथ के रथ-सा
इस जमावड़े से उस जमावड़े की ओर
राख बने मनुष्यों में से!
मुझे स्वीकार नहीं किसी भी प्रकार की कोई हिंसा
लेकिन मेरे हाथ
कब के सराबोर हुए हैं
जमावड़े के ख़ून से!

इलज़ाम

मेरी आयु बढ़ती गयी भारी-भरकम बट्टे तले
मुझे चैन से कभी बढ़ने ही नहीं दिया
दीवार से सटकर अपनी परछाईं सँभालते
पोल उठने पर जूठन बटोरते
जीता रहा मैं यहाँ!
मैं अपने बच्चे से कैसी उम्मीदें रखूँ?
परोसी हुई जूठन के अलावा?
उसका बड़ा बनना भी गाँव सेवा के लिए?
मैं ज़िन्दा हूँ गाँव की थूक झेलने
और मेरा बच्चा?
उसने नकारा इसे तो उसकी हत्या होगी!
हत्या होने की आस में उसका जीना? उसका जनमना?
मौत के डर में जिये वह भी?
क़ानून-व्यवस्था के ढिंढोरे में लिप्त
कैसे शान्त-शान्त लगते हैं न ये शहर!
हमलाखोर हथियारों से लैस आते हैं।
प्रशासन भी हथियारों से लैस!
हर क़ानून बनता है हमारे लिए!
हर योजना कार्यान्वित हमारे लिए!!
फिर भी चाय की तलब मैं पानी पर निभाऊँ?
भूख की तलब तमाखू पर?
क्योंकि

किसी पटवारी के घर में
क़ानून खाता है मुर्ग़ा
और उसके पर हमारी झोंपड़ी में!
फेंके गये पर!
मुर्ग़े की हत्या का कोई सबूत चाहिए न!!

राष्ट्रीय धारा

मैंने अपना नाम बदला
गाँव बदला
और धर्म भी बदला
गले में जनेऊ पहना
भभूति लगायी
आँगन में तुलसी लगायी
काशी-रामेश्वर हो आया
पर मैं 'मैं' ही रहा!
ना गोमूत्र से पावन हुआ
ना गंगा नहाने से!
हाँ! तीर्थस्थल अपावन हुए
भोज-महाभोज अपावन हुए
मेरे स्पर्शमात्र से!
मैं कैसा अस्पृश्य हूँ
कि ईश्वर भी भ्रष्ट होता है
मेरे स्पर्श करने से? और
भोजन-पानी-विद्या तक?
मानुष भी भ्रष्ट होये?
मैं समूचा अलग-थलग हूँ
तो हम एक कैसे हो सकते हैं
संगम-से
राष्ट्रीय धारा में?

सूर्योदय

मैं नहीं माँगता
तुम्हारे आसमान के चाँद-सूरज
और ना ही तुम्हारी खेतीबाड़ी, कोठी-हवेली!
मुझे चाहिए भी नहीं
तुम्हारे देवता, धरम, जाति, पन्थ या
तुम्हारी माँ-बहनें, बच्चे-बच्चियाँ!
मैं माँग रहा हूँ
सिर्फ़ मेरे अधिकार! मनुष्य के अधिकार!
मेरे प्रश्वास से काँप उठते हैं तुम्हारे शास्त्र-पुराण
और स्वर्ग-नरक भी
छुआछूत के डर से?
तुम्हारे हाथ बढ़ते रहते हैं
मिटाने हमारी बस्तियाँ!
तुम मारोगे-तोड़ोगे, जलाओगे, लूटोगे
मेरी बस्ती
पर दोस्तो! याद रखना
पूरब में बोया हुआ शब्द सूरज-सा
कैसे उखाड़ोगे उसे?
मेरे अधिकार : एक संसर्गजनित जातीय दंगा!
रिसते जाने वाला शहर-शहर, गाँव-गाँव, जन-जन!
मेरा अधिकार ही है ऐसे!
जहाँ-जहाँ ज़िलाबन्दी, नाकाबन्दी, बहिष्कृत कुकर्म
वहाँ-वहाँ सिसकते हुए!

मैं चाहता हूँ अपने अधिकार! दे दो मुझे!
नकारना चाहते हो यह विस्फोटक समय?
मैं उखाड़ दूँगा धर्मग्रन्थ रेल पटरियों-से!
जलाते जाऊँगा तुम्हारे ऊधमी अधिकार!
दोस्तो!
मेरे अधिकार
उग रहे हैं सूरज बन
तुम नकार दोगे इस सूर्योदय को?

इतिहास

मैं विचरता रहता हूँ
आकाशवाणी, दूरदर्शन
प्रशासकीय समिति, स्कूलों के पाठ्यक्रमों में...
प्राचीन काल के निशान चेचक के दागों जैसे
कैसे नहीं दिखते किसी को
मेरी मुस्कान में छिपे ऊधमी बच्चे से?
मैं रोज़ दाढ़ी बनाता हूँ चमचम! स्नो-पाउडर मलता हूँ।
मेरी ही आत्मकथा के मुखपृष्ठ पर
छपी मेरी जीवन रेखा की तस्वीर लाँघकर
मैं निकल चुका हूँ हज़ारों वर्ष आगे!
आज मैं इस मोड़ पर खड़ा हूँ
जहाँ या तो डटकर खड़ा रहना चाहता हूँ या
ढहना चाहता हूँ खँडहर-सा!
नहीं चाहिए बैसाखी पर टिका जीना
अपाहिज साँसें भी नहीं चाहिए!
मेरा इतिहास आता है मेरे पास गुलाम की तरह!
मैं उसे ठोकर मारता हूँ, जूते लगाता हूँ।
घर से धक्के देकर बाहर निकालता हूँ।
लेकिन वह मेरे पाँव नहीं छोड़ता—बीवी की तरह!
मेरी समझ में नहीं आता इन सबका मतलब
इतिहास याने मेरा हगा हुआ पाखाना
या इतिहास का मुझे हगाना-फिराया गया पाखाना?
जो भी हो

सच तो बस इतना ही है कि
मेरी इतिहास से पटती नहीं है!
साँप-नेवले जैसी!
लेकिन मैं जी नहीं सकता इतिहास के बिना
यह भी उतना ही सच है।

मनुष्य की हैसियत से

इतना कड़ा बन्दोबस्त मुझे घेरे फ़ौज खड़ी
मुझे नज़रकैद कर
क्या ये आदमखोर बख़्तरबन्द गाड़ियाँ
रुकवा सकेंगी मेरी साँसें?
ये विनाशकारी क्षेपणास्त्र रख सकेंगे 'मुझे' नज़रक़ैद
विराट समुदाय के पैरों से चल रहा हूँ मैं
दंगों की अफ़वाहों-सा फैलता जा रहा हूँ शहर में
कहाँ-कहाँ तोपों को रखोगे और कैसे-कैसे?
किसने कहा कि मेरा क़द सिर्फ़ इस दंगे इतना भर है?
कौन कहता है कि मैं बन्दूक़ का निशाना बना हूँ?
तुम कैसे पनपोगे? हर बार फ़ौज से मुझे तुड़वाकर!
कैसी सार्वभौम सत्ता और कैसी राष्ट्रीय एकता यह!
मुझी को राष्ट्रीय एकात्मता सिखाने वाली और ऊपर से
मुआवज़ा भी देने वाली!
मेरी आँखें निकालीं! मुझे बहिष्कृत किया!!
बलात्कार किया!!! बस्ती जलायी!!!! ख़ून किये और
बदनाम जुलूस निकाला मेरा!!!!!
और क्या-क्या तरकीबें ढूँढ़ोगे?
कोर्ट कचहरी की मदद से अन्यायी तरकीबें ढूँढ़ो! हिसाब लगाओ
क़ैदखाने की कितनी सख़्त दीवारों में
सात समन्दर पार कहीं के संसदीय लोकतन्त्र में
कैसे रह सकते हो तुम इतने अर्से से?
गिरा दो ये दीवारें क़ैदखाने की

गिरा दो घरों-जाति-धर्मों की ये दीवारें!
हो जायें हम एक बार दीवारें मुक्त
और बाँट लें हम-तुम मनुष्यत्व!
हो तैयार इसके लिए?
वरना क़ैदखाने बढ़ेंगे।
और मैं नहीं समा पाऊँगा उनमें!
स्कूल, कॉलेज, घर के
हो जायेंगे क़ैदखाने
और क्या पता
तुम भी हो जाओगे एक क़ैदखाना?
या तो इतने क़ैदखाने बनाने में सहमत हो जाओ
या स्वीकार कर लो मुझे मनुष्य के रूप में!!!

एकात्मता

मुझे सुरक्षित लगता है
मवालियों की टोली में
इस पुलिस चौकी से ज़्यादा!
आज मराठवाड़ा भभक उठा
कल बिहार आग उगल रहा था
और मैं तो आग में ही हूँ!
मेरी बहना कहती है मुझसे उस पर गाँव गुण्डों के किये
अत्याचारों को!
मुझे अत्याचारों का अर्थ ही समझ में नहीं आता
और मेरे गाँववाले भी नहीं समझते
अपने इस बर्ताव का मतलब
मुझमें और गाँववालों में
क्यों है इतनी दुश्मनी?
हमने जलाये हैं उनके झोंपड़े कभी?
किया है नंगा उनकी बहू-बेटियों को?
फिर ये क्यों तुले हैं प्रतिशोध लेने पर हमारा?
कब तक रहें असुरक्षित हम अपने ही देश में?
कब तक सहें अन्याय अपना धरम-करम समझकर?
भाई-भाई जुदा होते हैं
फिर हमारे लगाव क्यों गूँथे हैं इस एकात्मकता में?
समझा करो मुझे!

दूर धकेला जा रहा हूँ मनुष्यों में से।
वहाँ-जहाँ सारी सीमाएँ समाप्त हो चुकी होती हैं
तुम्हारी-मेरी-मनुष्य की।
न्यूनतम मनुष्य की!

निषेध

सी.आई.डी का रोज़-रोज़ आना
पोस्टमैन की तरह।
कानून की लक्ष्मण रेखा
रोज़ रची जाती है मुझे घेरे!
मैं बढ़ता जा रहा हूँ एक साथ
ब्लैक लिस्ट में
और आन्दोलनों में!
मैं बोलता हूँ जब
एस.पी.ऑफ़िस में फ़ाइल बनती है तब!
और लोगों में उतर आता है तूफ़ान मेरा!
मैं रोज़ पढ़ता हूँ समाचार-पत्र में समाचार
कि
कहाँ-कहाँ मुझे बन्दी बनाया गया...
कहाँ-कहाँ मैंने निदर्शन किये...पुलिस के ख़िलाफ़!
फ़ाइलों का राज है हम पर
सब तरफ़ हम टाइप हुए हैं—
पकड़ वॉरंट के आदेशों में!
न जाने कैसे आदेश हैं ये ऊपर से आये हुए
मुझे मारने के—गोली से उड़ा देने के आदेश!
और 'दंगों में मारा गया' को घोषित करने के आदेश!
सुनो! मैं अपनी ही मौत का ऐलान करता हूँ कि—

'इस देश की शान्ति-सुव्यवस्था हेतु
मौत के बाद मेरी राख
भारत माता के ललाट पर लगा दी जाये
अमानुष अत्याचार के निषेध स्वरूप।'

प्रस्ताव

रोटी की टोकरी में से खदेड़ी जाती हुई तुम
मुझमें भभकती रहती हो
घर-घर में जलते चूल्हे-सी!
मैं तुम्ही में से निकलता हूँ भूख की माफ़िक़
और टूट पड़ता हूँ बच्चों की खान-पान की चीज़ों पर।
मेरी परवरिश तुम्हारे आँसुओं से तो है—चारों ओर!
ये गूँजती पुकारें और ये बेहाल आक्रोश सुन रहा हूँ मैं
मुझी में ही! तुम्हारी ख़ातिर!
तुम कितनी दूर खड़ी हो और कितनी पास भी!
मैं ढूँढ़ता रहता हूँ मुझमें तुम्हें और
तुममें मुझको
हम कहीं नहीं मिलते एक-दूसरे से
सिवाय हमारे आँसुओं के!
मेरे आँसू तुम्हारे आँसू
क़ैद हुए हैं इन मतपेटियों में
कल परिणाम घोषित किये जायेंगे।
और हमारे तमाम आँसुओं के पालनकर्ता
रवाना होंगे राजभवन शोभायात्रा में सजते-सँवरते
शपथ विधि हेतु!
हमारे आँसू
सियासतदाताओं के प्रस्ताव हैं!
उनमें चली बहस के लिए तो
सँभालकर रखने होंगे हमें ये आँसू!

गणित

हे प्रियतमे!
मुझे भी लगता है
तुम्हारे हाथों पर मेहँदी खिले चाँदनी की!
तुम्हारे बालों में सूरज बाला जाये गजरा बन!
आँखों में तुम्हारी सुबह जागे
जब हम हों एक-दूसरे के!
पर तुम्हारे हाथ माँजते रहते हैं बर्तन
धोते रहते हैं कपड़े
और मैं गाय-भैंसों के गोष्ठ में छीजता रहता हूँ।
तुम्हारी याद तब
बछड़े के गले में रँभाती रहती है—गाय के बगैर बछड़ा!
हे प्रियतमा मेरी!
मुझे भी लगता है तुम झूला झूलो
चम्पा-चमेली खिल जाये होंठों पर तुम्हारे
तुम आती रहो कल-कल बहती नहर की पानी-सी
और मैं फावड़े से मिट्‌टी हटाकर
तुम्हारे आने की राह बना दूँ मेरे मौसम तक!
तुम थकी-माँदी लौटती हो घर! घर की आस में
और घर भी प्रतीक्षारत तुम्हारी आस में
पेट में भूख दबाये!
मैं भूख-प्यास भुलाकर गाता रहता हूँ तब! और
खेत मालिक का झूमता रहता है!
मेरी पिंडलियों में आँसू कसकते रहते हैं

आधी रात में सोयी तुम्हारी
आँचल खिसकी गोद देखकर
लगता है कह दूँ
ले लो यह चाँद सिरहाने!
इस सूरज पर रख दो पैर
ओढ़ना ओढ़ लो इस आसमान का
मेरे गीत धरती के लिए बोझ बने हैं
तुम ही ले लो न उन्हें गोद में।

जाति

कौन कहता है कि मैं मनुष्य हूँ?
सबसे पहले मैं एक जाति हूँ!
माँ के गर्भ में पनपते हुए
जीवनयापन करते हुए
और चार लोगों के कन्धों पर जाते हुए
जाति साथ-साथ रहती है चिपककर
राष्ट्रीयत्व की तरह!
मुझे गर्व है अपनी जाति पर!
समृद्ध, विविधता से सजी परम्परा का
मैं
वारिस हूँ!
मैं जाति-भाइयों का सम्मान करता रहूँगा।
कुल-गोत्र की आज्ञा पालन करूँगा।
मैं भीड़ में भी इसे घसीटता लिए जाता हूँ।
मुझे भाती है जाति अपनी
रक्षा करती रहती है मेरी!
कौन कहता है कि मैं मनुष्य हूँ?
नहीं!
सबसे पहले मैं एक जाति हूँ!
हम सब जाति-भाई हैं!
और यह देश भी एक जाति है!
अब जाति के लिए ज़मीन चाटनी ही होगी न!
अपने बाल-बच्चों का बेड़ा पार लगना बाक़ी है अभी!

और हमें भी तो कन्धों पर जाना है!
सब छोड़-छाड़ कर कैसे होगा?
घर में दो बुज़ुर्ग भी हैं!
उनका मन कैसे दुखायेंगे भला?
वैसे हमारी जाति बहुत पुरोगामी है।
अब पहले जैसा थोड़े ही है?
अब तो हमारे घर में नौकरानी है—महार औरत!
हम उसे देते हैं बचा-खुचा!
त्यौहारों पर ख़ुशी-बख्शीशी देते हैं।
आफ़त-मुसीबत में मदद करते हैं उसकी!
आदमी आदमी के काम नहीं आयेगा तो कौन आयेगा?
हज़ारों वर्ष अछूत थे
अब और थोड़ा सब्र करो।
अगले सौ वर्षों में बदलेगा सब!
अपना तो पुनर्जन्म में भरोसा है!
तब गाँधी जी भंगी बनकर जन्मेंगे!
हम भी हरिजन के रूप में पधारेंगे।
अगले जनम में
आप हमारा जनम जिओगे!
इस जनम में आप शिकायत मत करना
अगले जनम में हम नहीं करेंगे शिकायत।

गुनहगार

मेरे घर
राह पहुँचती है
चोरी की टोह लेते हुए।
और गधे की पीठ पर गृहस्थी लादे
मैं गाँव-गाँव पहुँचता हूँ
भूख मिटाने की राह खोजते
रावटी-रावटी ख़ुद को बसाते-बसाते
तीन पत्थर चूल्हे के लिए भी मेरे बस में नहीं
गूँगे गधे-सी गूँगी वेदना
आदमी से ज़्यादा गधे का सहारा
और पुलिस की मार
गुनहगारी के बतौर रोज़ की हाज़िरी!
गुनाह—क़ैद—गुनाह
दुर्दशा का फेरा और सरकार की कै
घर नहीं गाँव नहीं
पैरों तले की ज़मीन अपनी नहीं
मेरी माँ की कोख से जनमना
यही मेरा गुनाह
यह मेरी माँ कैसे?
यह मेरा बाप कैसे?
यह मेरा देश कैसे?
मैं तो जनम से ही गुनहगार!

तुम्हारे बालों में

तूफ़ानी बाढ़ लिए चला जा रहा हूँ
होंठों में बवण्डर के बवण्डर लिए हुए
मेरी प्रश्वास से झुलस रहे हैं बाग़ गुलाबों के
और एक नज़र से खँडहर बन रहे हैं पुख़्ता क़िले।
अपने ही पदचिह्न इतिहास में से मिटाकर
इस भयावह अराजक में मैं डटकर खड़ा हूँ अजेय।
मेरी डरावनी पुकारों से
भूचाल आया है चारों ओर
ताजमहल का निर्माण करते समय भोगी-सही हुई
ये यादें मेरी प्रियतमा की
धुआँधार बादलों-सी छा रही हैं मन आकाश पर!
मैं उन मनहारी यादों की बही में
बतौर निशान चाँद रख लेता हूँ
और उसके बालों में केतकी समझ
सूरज खोंस देता हूँ।

देशद्रोही

मैं
राष्ट्रीय धारा में
जब भी शामिल होना चाहता हूँ
वे कंकड़ की तरह फेंक देते हैं मुझे
राष्ट्र नाम की रख़ैल सिर्फ़ ये रखें
और हम सिर्फ़ भडुएगिरी करते जियें यहाँ?
उनका भ्रष्टाचार भी देशभक्ति कहलाये
और हमारा हर शब्द देशद्रोही?
हम कोई नहीं लगते इस देश के?
हमें ख़ुशी नहीं होती
हमारे राष्ट्रध्वज को ऊँचा फहराते देख?
फिर?
राष्ट्र आपका भी है और हमारा भी!
क्यों नकारते हो इसे?
पीने का पानी जहाँ एक साथ भरने नहीं देते
अपने साथ समान अधिकार से
वहाँ गृहस्थी क्या बसा दोगे अपने साथ तुम?
और राज कारोबार कैसे करा दोगे अपने साथ तुम?

हमलावरो

कितने आन्दोलन मेरे ख़िलाफ़!
कितने अपमानित शब्द मेरे विरोध में!
मैं कोई पतझर का गिरा पत्ता हूँ
कि कोई भी हवा-सा आये उड़ाने के लिए?
एक ओर स्वाभिमान का बढ़ता नशा
और दूसरी ओर अत्याचारों के बढ़ते आतंक
स्वाभिमान-अत्याचार की कशमकश ने
जीना मुहाल कर दिया है मेरा मनुष्य के रूप में।
कभी प्रतिशोध, कभी गुलामी
इनके घेरे कसते जाते हैं नाग के कुण्डल की तरह!
मैं डर रहा हूँ यहाँ के हर युवक से
न जाने कब हमला करेंगे
मेरी बस्ती ख़ाक में मिलायेंगे
और इस अन्याय को देखकर अदेखा करने वाली
यह सत्ता!
कहाँ है इसका भड़ुआ कर्ता-कराता?
मैं अब किसी का भरोसा नहीं करता
मेरी मौत तैयार है हर हमले के लिए
आओ हमलावरो! आओ!
इस बस्ती को प्रतीक्षा है तुम्हारे क्रूर यातनासत्रों की!
कभी नहीं थी, इतनी एक होकर
झोंपड़ी-झोंपड़ी प्रतीक्षारत है प्रतिकार करने!

परम्परा

मेरे दादा-परदादाओं ने कैसे यक़ीन किया
इन दकियानूसी पोथी-पत्रों-पुराणों पर?
क्यों नहीं की कभी बग़ावत?
इस हरामी परम्परा के ख़िलाफ़?
कैसे सहे हमने
पीठ पर कोड़ों से लिखे इन गुलामी के हुक्मनामों को?
जान मुट्ठी में लिए जंगलों में छुपी बस्तियाँ
पसीने में लथपथ यह बंजर मैदान
आँसू भीगे ये जंगल-झाड़ियाँ
आसमान ही फट पड़ा है...कहाँ-कहाँ सिओगे?
क्या फ़र्क़ है तुममें और मुझमें?
सिवाय इस कोढ़-सी फैली ग़रीबी के?
किसने गढ़ी ये छुआछूत?
किसने फैलाये ये जातीय दंगे?
कौन लाया ये जाति-धरम?
इस देश के बँटवारे का दर्शन किसने लिखा?
इस देश में ही देश के दुश्मन किसने पैदा किये?
कौन ज़िम्मेदार देश के इन टुकड़ों का?
मेरे बाप-दादा-परदादा ने कैसे यक़ीन किया इसका?
इन पागल पोथी-पत्रों-पुराणों का?
क्यों नहीं की उन्होंने बग़ावत कभी
इस हरामी परम्परा के ख़िलाफ़?

शिलालेख

यह कविता बॉम्बस्फोट का सत्र है!
ख़ूनी है यह कविता!
खेतों की इन मेंड़ों को
कारावास की इन दीवारों को
शीशमहल की इन खिड़कियों को
पता नहीं है मेरे शब्दों में का सन्तप्त सौन्दर्य?
ये तूफ़ान मेरे घमण्डी प्रश्वास से उठते हैं
मेरे हुंकार से प्रलय प्रसारित होती है
शोषितों के कण्ठ-कण्ठ में!
मेरी सख़्त कलाई से इस देश का नया चेहरा
उभर रहा है
मेरे शब्द-शब्द में सजा है नया इतिहास
इन शब्दों में दबोचा हुआ एक दुख है
इन अक्षरों में एक खण्डित सुख है
शब्दों पर फैल रहा है अर्थ कोड़ों-सा
अक्षरों में से शब्द फैल रहे हैं
लैस की गयी बन्दूक़-से
मेरे आसपास का धधकता असन्तोष
मुझे ही प्रज्वलित कर रहा है क़लम में से
कल के सन्दर्भ के लिए!
मेरे पैरों तले जल रही रेत
और आसमान आँसू टपका रहा है
मैं भयभीत हूँ किसी अनाहूत डर से

लेकिन
सधी हुई लापरवाही से
बोल रहा हूँ कल के बारे में!
कल मैं रहूँगा-नहीं रहूँगा
लेकिन कल के अपने स्वागत हेतु
अपने ये शब्द-फूल
अपने शिलालेख के रूप में छोड़े जा रहा हूँ।

मैं और मेरे शब्द

भयावह संघर्ष से मैं आगे आता हूँ
लाखों-करोड़ों बन्दूक़ों की हलचलों-सा
मैं ख़ून में फैल जाता हूँ—
और सिखाता हूँ शब्दों को जेब कतरने का हुनर—
गले काटने की तरकीबें—
चोरी कर छिप जाने की कला!
मैं
शब्दों का टॉर्चर करता हूँ
उलटा टँगा जलाता हूँ उन्हें
बूटों से कुचलता हूँ
उनके मुँह में पेशाब करता हूँ
फिर भी ये शब्द
मेरे सामने खड़े हो जाते हैं
सभ्य कपड़ों में के अधम नेताओं जैसे
मैं
शब्दों को खिलाता हूँ
पूरी-सब्ज़ी, बिरयानी
उनसे लाड़-प्यार करता हूँ
और निकल पड़ता हूँ शब्दों को साथ लेकर
जैसे कार्यकर्ता हों
मैं और शब्द
दफ़्तरों में घूमते हैं हम
टेबल-टेबल धमकियाँ देते हुए

टेबल झुककर सलाम करते हैं।
कुर्सियाँ-टेबल-फ़ाइलें
इन्हीं में से ही तो देश का विकास होता है!!
भ्रष्टाचार में से तमाम योजनाएँ
सुजलाम् सुफलाम् होती हैं
मैं और मेरे शब्द
रोज़दारी के क्लर्क जैसे
मस्टर भरते हुए बोगस नामों का घूमते रहते हैं
ये बोगस नाम किसके?
इस देश के समूचे मन्त्रियों के ही तो हैं।

उठो युगो!

मेरे मन की ये अतल बेचैनियाँ
अटलांटिक महासागर हैं
और मैं एक हिमनग!
तुम सन्देसा भेजो क्रान्ति को
मेरे आगमन का
यहाँ हर माँ व्याकुल है मुझे जन्म देने
ये कम्पन किसी भूचाल के नहीं हैं
ये तो मिट्टी की धड़कती साँसें हैं।
गर्म सिसकियाँ रोको अब!
उठो युगो! चलो मेरे साथ!
यहाँ किसे ज़रूरत है पुलिस की?
हमें हथियार चाहिए!
हमें हथियार दे दो!
हमारी माँगों ने सदन को
फ़ौज के घेरे में ला खड़ा किया?
हम ही तो हैं सही मायने में अपना देश!
हम ही सरकार! हम ही क़ानून! हम ही संविधान!
जनता जिसे कहते हैं वह हम ही हैं।
स्वातन्त्र्य जिसका नाम वह हम ही!
लाठीचार्ज, गोलाबारी से डरकर भागने वाले हम
अंगद के पाँव से डटे खड़े हैं।
हमें हथियार दो
इस मदमाती मस्ती भरी सत्ता के ख़िलाफ़ लड़ने के लिए!

देख लो बन पड़ता है क्या?

मैं ऐसा ही हूँ
देख लो तुम, बन पड़ता है क्या?
जो तुम खाते हो मैं भी वही खाता हूँ
और जो तुम पीते हो मैं भी वही पीता हूँ
तुम्हारे लिए जो हवा है मेरे लिए भी वही है
तुम्हारे शरीर में ख़ून है, मेरे भी वही ख़ून है
फिर भी तुम धौंस जमाते हो कि मैं अस्पृश्य...
सोच लो बन पड़ता है कि नहीं!
मैं ऐसा ही हूँ!
हूँ मैं जातिवादी! तुम नहीं हो क्या?
मुझे अभिमान है देश के प्रति! तुम्हारे इतना ही!
तुमने माँ के पेट से जन्म लिया, मैंने भी!
मैं तुम्हें मालिक कहूँ? बन्धु कहूँ
और तुम मुझे दुत्कारते रहो?
मुझसे घृणा, ईर्ष्या?
हाँ, मैं ऐसा ही हूँ!
बाघ कहूँ तो भी गर्दन नोचोगे मेरी
अपभ्रंश करके पुकारूँ तो भी वही करोगे!
'हिन्दू-हिन्दू बन्धु-बन्धु' कहते-कहते और बस्तियाँ जलाओगे...
'वसुधैव कुटुम्बकम्' कहोगे और हमें गाँव के बाहर रखोगे!
तुम्हारा बर्ताव ही
मुझमें जन्म देता है घृणा को, तुमसे घृणा!
हाँ! हूँ मैं ऐसा ही!

ज़रा देख लो बहिष्कृत बस्तियों में
देश का चेहरा!
अपाहिज-विकृत संस्कृति यहाँ की।
देश का औद्योगिक विकास! नयी इमारतें! नये रास्ते!
लेकिन लोग पुराने ही! मन बासी ही!
जातीयता की चालाकी वही पुरानी!
मैं मुख्यमन्त्री तुम्हारा! जमाई तुम्हारा।
बेटा तुम्हारा! तुम्हारा अभिभावक!
ब्रह्मा से इसकी सलाह पूछनी चाहिए?
देख लो बात बनती है क्या!
हूँ तो मैं ऐसा ही!

आक्रोश

ये हाथ मुझे अपना लगते ही नहीं
और यह आवाज़ भी।
किसके चिपकाये हुए हैं ये अवयव
मेरे मन के विरोध में?
ये हाथ जैसे कुत्ते की दुम
आवाज़ें? तोता रटन्त
और मेरे ही नाम पर खपाते हैं। बिन्दास!
मैंने धर्म बदला
हरिजन से नवबौद्ध हुआ
मैंने लोकतन्त्र स्वीकारा
'भारत माता की जय' बोली
सभी भारतीयों को बान्धव माना
फिर भी मेरे पाँच के पचास नहीं हुए।
बेल मण्डप पर छायी नहीं।
मेरे घर से भी पुख़्ता हैं ये सार्वजनिक पेशाबखाने!
क्या कह रहे हैं ये कल के बारे में?
ये हाथ मुझे अपने लगते ही नहीं
यह आवाज़ मेरी अपनी लगती ही नहीं।
नुक्कड़-नुक्कड़ से आते हुए ये जत्थे
मेरी आवाज़ में घुलते गये हैं
और मैं उन जत्थों का हो गया हूँ!
मेरे हाथ, मेरी आवाज़ ही

एक जत्था है
आक्रोश करता निकला हुआ
हज़ारों की तादाद में
नव व्यवस्था के जन्म-सा!

माँ

माँ! तुम्हारे आँसू
कहते जाते हैं मुझसे
शोषण के मतलब!
और मेरे ख़ून में
खौलने लगते हैं
माँ, तुम्हारे आँसू अणु-से।
इतने विनाशक कैसे तुम्हारे आँसू, माँ?
याने एक-एक पृथ्वी समूची!
मैं भर लेता हूँ
तुम्हारे आँसू माँ, अपनी अंजुलि में
और मेरी अंजुलि में
सूरज उगता है।
मैं पुकारता हूँ तुम्हें
'माँ' कहकर
और सारे सैनिक
हथियार रखकर
युद्धभूमि से आते हैं मेरी ओर!
उनकी माँ, मेरी माँ एक ही है
लेकिन दिखती क्यों नहीं कहीं?
दिखते हैं सिर्फ़ उसके आँसू
गोलाबारी से व्याकुल बने हुए!

बेरोज़गारी

यह तौबा भीड़
और मैं अकेला!
कहाँ तक लड़ता रहूँ अकेला!
वे तो गवाही देने तक नहीं आते
ये अदालती तारीख़-पे-तारीख़ सिलसिला—
जैसे कि दीमक चाट रही हो ज़िन्दगी!
हर दिन ख़ाली पासबुक-सा
कैसे ख़र्च करें?
बढ़ता ही जाने वाला ऋण
कभी उऋण होता ही नहीं।
सच! इससे तो बेसहारा, अन्धे, अपाहिज, बूढ़े बढ़िया।
अनुदान-मुआवज़ा तो मिलता है!
मेरा क्या?
ये बेरोज़गारी! ऋण! खाने वाले दस मुँह!
ऐ संसद!
मुझे ख़रीद लो! एक कप चाय के बदले!
मैं मत दूँगा तुझे राज करने हेतु!!

आजकल

फूलों की जगह
हथियार कैसे लदते हैं इन फूलों के पेड़ों पर?
इस बाग़ का शस्त्रागार बना रहे हैं।
किस पेड़ तले छाँव करें?
किन फूलों का गजरा गूँथूँ प्रिया के लिए?
कल यहाँ बच्चे खेल रहे थे
आज घुड़सवार दौड़ रहे हैं इशारा करते हुए!
माली कहता है, 'गुलाब पुष्पों में धमाका हुआ।'
मेरी समझ में नहीं आता मैं क्या कहूँ?
मैंने पूछ ही लिया,
'माली चाचा, यह गुलाब कहाँ था?'
माली उदास हँसा। बोला,
'नेहरू चाचा के कोट पर था!'
आजकल मैं बुतों से डरने लगा हूँ!
परसों ही एक बुत ने
बम बोये थे इस शहर में!
तब से फूलों की जगह
हथियार लदने लगे हैं आजकल
फूलों के पौधों पर।

अश्वमेध

जनमा हूँ मनुस्मृति की राख में से
पनप रहा हूँ वेदों की दलदल में
सुलग रहा हूँ पुराणों के पन्ने-पन्ने पर
योनि-योनि-चौरासी लक्ष योनि
उस पर पाप-पुण्य की मुक्ति खड़ी
'सीढ़ी पर सीढ़ी सौ मंज़िला हवेली
हाथ न लगे टयँ टयँ बोल बाबू'
ऐसन तोहरी वंशावली भैया!
हमरा शराबी भी लाख भला
तोहरे पण्डित धर्मगुरु से बाबा जो कहे–
जो कहे नशा कर 'शिन्दी पिना मड्डी, गोश खाना हड्डी
राँड करना बुड्ढी'
तुमने कही गीता–सुनी ही नहीं किसी ने
तुमने किये यज्ञ–देखे ही नहीं किसी ने
वरना रोका होता घोड़ा अश्वमेध का
गाँव के बाहर ही
और जोता होता ताँगे में
रोज़मर्रा के पेट पालने वास्ते!

पतझड़

साहित्य क्यों कहते हो इन शब्दों को?
ये लोग हैं झुलसते हुए!
चारों ओर से जलती झोंपड़ी में
छटपटाती चीख़...
चार गुण्डों के क़ब्ज़े में
दमघोंटू आक्रोश...
बदमाशों के हमले में
खोयी करुण पुकार...
चुल्लूभर पानी के लिए
जानलेवा सिसकी
बताओ ऐ गन्धर्व
ये कौन से सुर हैं?
झुलसते लोग हैं ये!
इन्सानी आँखों से इन्सानों को देखो
दिखेंगे तब ख़ाक होते नवजात भुट्टे!
तुम्हें साहित्य चाहिए?
ज्ञानेश्वर, कालिदास मुबारक़ हो तुम्हें!
ये उजड़ी हुई गाँव के बाहर की बस्तियाँ हैं
पतझड़ का मौसम है!
नये पत्ते उगेंगे भी! नये वेद भी आयेंगे!
साहित्य क्यों कहते हो इन शब्दों को?
ये लोग हैं झुलसते हुए!

येशू

तीसरे याम में दादा आता था
कन्धे पर नसेनी, हाथ में मिट्टी के तेल का डिब्बा
चौक के खम्भे से नसेनी टिकाकर
चढ़ जाता था ऊपर
गले के रूमाल से
काँच पोंछता था—कालिख मिटाता था
दीए में तेल उड़ेलता था
समूची बस्ती इकट्ठा होती थी वहाँ
दादा तेल बाँटता था सभी को
संझा होते ही लौट आता था
काले रास्तों पर उजाला करते हुए!
समूची बस्ती रोशन होती थी।
दादा
आज गया बदन में आग सुलगाकर
नसेनी पर ही जलता रहा
स्काइलैब की तरह धड़ाम से गिरा ज़मीन पर!
दादी तब
दोहा गा रही थी!
दोनों जाया करते थे आसाढ़ी-कार्तिकी जात्रा में।
दादा!
तुमको जलना नहीं चाहिए था गाँव में!
वहाँ कौन-सा विट्ठल छुयेगा तुझे अब?

यहाँ चबूतरे पर जला होता तो
सारी बस्ती आयी होती।

देखा करती जलते आदमी का रोशन बदन!
सभी जल उठे होते!
'दादा! तुम उनकी राहों पर दीए जलाते रहे!
उन्होंने लेकिन तेरी राह पर अँधेरा ही बिछाया!!'

मैं

प्रति भोर
रास्ता बुहारने की धुन
मेरी मीठी नींद में बोती जाती है
मेरी कई हत्याएँ!
झाबा बाँधे हुए एक आदमी
मैला ढोते जाता है
तब किस मूलभूत हक़ का बोझ ढोता है
उसके कन्धे पर?
मैं ख़ून से लथपथ
खाल उधेड़े जानवर-सा!

फ़ुटपाथ पर

किसी की दी हुई यह साड़ी
जँच रही है तुम्हारे बदन पर!
माँगकर लाया हुआ ब्लाउज़
सज रहा है घास पर उगे फूल-सा!
पानी वाला बादल गरजता हो
वैसी हँसी तुम्हारी
बेमौसम की बारिश-सी
तुम्हारी हर हलचल।
कोठी बुहारकर लौटते समय
मालकिन की दी हुई जूठन
तुम मुझे बुलाकर खिलाती हो!
उतना ही निवाला खाकर
पानी से पेट भरकर
तुम्हारे संग आते वक़्त
यह चौक मेरा बाप बन जाता है
और यह फ़ुटपाथ माई!
मनुष्यों से ज़्यादा
इन्होंने ही प्यार उड़ेला हम पर
जान से भी ज़्यादा प्यार!

कुरुक्षेत्र

ब्यंकट शेठ की माई मरी उस साल
तू जनमा था बच्चे!
तेरा बाप भी उसी साल मरा था
केतकी के बन में नाग डसा था उसे
वह पेड़ काटता था। पेड़ बेचता था।
इन रास्तों को पहचान है
उसकी भूखी आवाज़ की!
बच्चे! तेल नहीं मिला महीना-महीना
तेरे सिर के लिए।
शेठजी माई को फूँककर आये तब
पैसे उछाले उन्होंने।
उसी में से मिले चार आने रास्ता बुहारते वक़्त
सो तेल लायी तेरे सिर के वास्ते!
लकड़ियाँ ढोते-ढोते
तेरे बाप के सिर पर चन्दोवा निकला।
अब तू कमाने लायक बना।
जा! उस कोने में रखी कुल्हाड़ी ले
इतनी ही बपौती पीछे छोड़ गया वह!
पेड़ भी राह देख रहे होंगे तेरी!
जाओ! पर वह चुभने वाला केतकी बन
पहले काटो।
वहीं पर मरा था तेरा बाप।
मेरे गजरे के लिए

केवड़े का फूल लाने गया था।
आने-जाने वाले कहते हैं–
तेरा बाप उनसे कुल्हाड़ी माँगता रहता है।
अरे सुनो बछवा।
हवा चलेगी। बिजली गिरेगी।
बारिश में भले ही भीग
पर उस बन की ओर मत जाना।
तू भी मरेगा बाप के पीछे।
फिर इस कुल्हाड़ी का लाड़ला वारिस
जनमेगा कैसे?
...हाँ कभी मिला यदि वह
तो बता देना
इस द्रौपदी ने बाल अभी तक बाँधे नहीं हैं।

उत्पात

खौलता कोलतार और गिट्टी पसारकर
सूरज पर से रोड-रोलर घुमाऊँ
उस घने अँधेरे में—
और भूचाल आये।
महार बस्ती, मातंग बस्ती, ब्राह्मण बस्ती...
सब दफ़न हो जाये ज़मीन में
और फिर उगे किसी नयी जगह
पुरानी व्यवस्था तोड़-मरोड़
एक-दूसरी में मिल जाये
उस घने अँधेरे में—
किसी को पता न चले
किसी का वर्ग-वर्ण।
आदमी-आदमी के गले मिले
कुछ न जानते हुए...

ऐसा उत्पात मचाये प्रकृति कि
बबूल में गुलाब खिले
धतूरे में केतकी गन्ध आये
ख़ून को मिले पानी का रंग
और पानी को ख़ून का
शब्द-शब्द की परिभाषा बदले
अक्षर-अक्षर अर्थ बदले
प्रकृति-मनुष्य-पन्थ

अमूलाग्र बदल जाये
खौलता कोलतार और गिट्टी पसारकर
सूरज पर रोड-रोलर घुमाऊँ
उस घने अँधेरे में
और ना दिखे मन्दिर ना दिखे धर्मग्रन्थों के अक्षर।
मनुष्य से फूटे जगमग उजियारा
और मनुष्य मनुष्य के गले मिले!

परिशिष्ट में की कविता

उस निःसंग रात्रि
एक होते समय
वह बोली, 'तुम नहीं दिखते मातंग जैसे!
तुम्हारा चलना-बोलना, बर्ताव
कुछ नहीं वैसा!'
रात दोनों में ढल गयी!
सुबह सूरज की साक्षी में
उसने ऊपर से पानी उड़ेला
अस्पृश्य स्पर्श टालने हेतु!

वेश्या भी पूछती है
'किस जाति के हो?'
मैं कहता हूँ
'तुम ही पहचानो!'
और वह ख़ुश होकर कहती है
'मराठा-क्षत्रिय हो न!'
मेरी 'हाँ' प्यासी!
वह प्यासी!
मुझे बाँहों में लेते हुए वह कहती है
'अच्छा हुआ कसबी को मराठा मिला!'

मेरी
जाति चुराकर रखी रखैल
जाति पता चलते ही
जाति भाई के साथ नदारद होती है।

मैं हक्का-बक्का
हारी सेना-सा।

मेरा पौरुष एसिड-एसिड
भोग लेना चाहता है हर मादी को
जिसने नकारा मुझे
अछूत के नाम पर।

वे भैंसे को गीता पढ़ाते हैं
हम मनुष्य को मनुष्यता सिखाते हैं।
वे गधों को गंगाजल पिलाते हैं
चींटियों को शक्कर खिलाते हैं
पत्थरों की पूजा करते हैं
बड़-पीपल-तुलसी पूजते हैं
उनके मन्दिरों में कुत्ते-बिल्लियाँ जाते हैं
पनघट पर पशु पानी पीते हैं
वे गोमूत्र पवित्र मानते हैं
और उन्हें मनुष्यों से परहेज़ कैसा?

हारा हुआ ईश्वर
आन्दोलनों के पथ पर
फूल बिखेर रहा है
सोडा वॉटर की बोतलों जैसा!
मैं घूम रहा हूँ
जलाये गये शहर में
यहाँ कभी बुद्ध का
या शंकराचार्य का
ख़ून नहीं हुआ।
मरते हैं हम-तुम सिर्फ़
और रोती रहती हैं लोरी गाती माँ
अपने बच्चे को गोद लिए कि—
ईश्वर! हमे यहाँ क्यों जनम दिया?

ऐ आम आदमी!

सुनो ऐ आम आदमी!
तुम गँवार, अज्ञानी, अनपढ़
हो सकते हो!
तुम मेहनतकश, मज़दूर, आदिवासी
होओगे!
आत्महत्या करने वाला किसान या
जवखेड़ा, खर्डा, सोनई, खैरलांजी में मारा गया
दलित हो सकते हो!
हो सकता है कि तुम
बेरोज़गार, लावारिस, निराधार होगे
लेकिन पते की बात
ऐ आम आदमी
तुम गूँगे हो क्या? नहीं ना?
फिर बोलो तो सही!
तुम बोलते क्यों नहीं?
रूठे हो? गुस्सा हो?
सुनो ऐ आम आदमी!
हो सकता है तुम्हें
उच्चभ्रू लोगों की भाषा न आती हो!
अंग्रेज़ी समझती न हो!
पर तुम अपनी भाषा में
अपशब्द तो सुना सकते हो न?
सुनो ऐ आम आदमी!

तुम्हारा मौन चला जा रहा है ज़ेड सिक्योरिटी में से!
वह देखो! तुम्हारी आख़िरी चीज़ भी
छीनी जा रही है।
अब तो बोलो!
तुम बोलोगे तो अणुबम के फूल हो जायेंगे!
चाँद-सूरज धरती पर उतर आयेंगे।
तुझसे रोशनी माँगेंगे।
अरे कुछ तो बोलो!
दुनिया की सारी किताबें
तुम्हारे शब्द के लिए तरसी हैं।
हज़ारों माताओं के गर्भ में पले शिशुओं के
कान खड़े हुए हैं।
ऐ आम आदमी
अब तुम बोल ही दो!
देखो सूरज ढलते-ढलते रुका है!

पीपल पत्ता

मैंने जलायीं मशालें युद्ध में तेजोमय
मैंने बाले दीपक बुद्ध में भीम नाम के
पीपल पत्तों से सुनी सरसराहट
बुद्धम् शरणम् गच्छामि
मैंने जला दी जाति युद्ध की जाति में
और जलायीं मशालें तेजो-प्रकाश की
मन्त्र-तन्त्रों पर छाया अलसायापन
बुद्धम् शरणम् गच्छामि
भिक्षुक-ब्राह्मणों की झोलियों में हुई टकराहट
बुद्धम् शरणम् गच्छामि
मैं जगाता मिट्टी युद्ध में भीम नाम की
मैं जलाता मशालें युद्ध में तेजो-निधान की
आकाश और धरती भी प्रतिसाद देती
बुद्धम् शरणम् गच्छामि
नीले समन्दर में नीला ज्वार
बुद्धम् शरणम् गच्छामि
मैंने तनी मुट्ठियाँ मोर्चा में वीरों की
मैंने जलायीं मशालें युद्ध में तेज-वीरता की।

समुद्र की दहाड़

मैं तूफ़ानी हवा समुद्र की दहाड़ती लहरें
अब कौन रोके किसे?
समुद्र में तूफ़ान है
अब कौन किसके साथ धोखा करे?
ज्वार-भाटा समुद्र में
अब कौन किसे गिरायें?
समुद्र की दहाड़ती लहरें
मैं चमकता सितारा और उफनता समुद्र भी।
मैं विजयश्री सा फेनिल समुद्र!
चैत्यभूमि प्रेरित करती है मन को।
दीक्षा भूमि प्रेरित करती है मन को
समन्दर में तूफ़ान
युद्धभूमि बुलाती तन को
समुद्र में खलबली!
मैं नीला गरजता उफनता समुद्र
मैं बुद्ध, मैं ही यशोधरा गरजता लहरता समुद्र मैं

आग

मैं तोड़ लाया आसमान से सितारे
और सूर्य भी लाया साथ निभाने
मैंने जोड़ीं उजाले की हवाएँ
चलो अब दफ़ना दें जाति को
भारत मेरा-तुम्हारा, सभी का है!
इतिहास भी मेरा-तुम्हारा सभी का, गर्व करें!
मैंने हिसाब सारे पूरे किये
चलो अब आओ सभी तूफ़ान के साथ
देखें तो
कौन तय करता है किसी की राष्ट्रभक्ति
कौन करता है किसी की उलटी खोपड़ी
मैंने हथिया लिए हथियार दुश्मनों के
चलो लाँघ दें गुट-गुट की सीमाएँ
मैं गा रहा हूँ नये युग के नये गान
चलो उठो अब उजाला बन जाओ
मैं आग लाया हूँ आग के लिए!

मेरी पुकार

सुनो भई सुनो दसों दिशाओं से आती मेरी पुकार!
चलो आओ सब एक साथ कसम लें एकता की
हज़ारों सालों से वे हमारे ख़िलाफ़
वे हज़ारों की तादाद में फिर भी एक
हम चार-पाँच फिर भी मुँह फेरे खड़े?
अब सुनो भई मेरी दसों दिशाओं से आती पुकार।
जान लो अब इतिहास-वेद-पुराण
त्याग दो अन्धविश्वास और रोना पुराना
उगते सूरज की साक्ष में उगो तुम अँधेरे के ख़िलाफ़।
सुनो अब तो मेरी पुकार दसों दिशाओं से आती हुई।
याद करो अपने आक्रोश को! हत्याओं को भी।
पाठ पढ़ो समता के हो जाओ एक अन्याय के विरोध में
क़सम तुम्हें न्याय की मत करना विरोध
मेरी दसों दिशाओं से गूँजती आती पुकार का।
लड़ना अनिवार्य है। नहीं कभी युद्ध विराम!
चलो उठो अब! बवण्डर है यह! यहाँ आराम कहाँ?
लड़ेंगे तूफ़ान-आँधी से! धूप-बरसात से
सुनो तुम मेरी पुकार दसों दिशाओं से आती हुई।

स्वातन्त्र्य मेरा

कहाँ है स्वातन्त्र्य?
बताइए तो सही कहाँ है स्वातन्त्र्य मेरे लिए?
किसने छिपा रखा है उसे?
किसने छीन लिया है मुझसे?
मेरा स्वातन्त्र्य।
सूर्य छिपाया तुमने बादलों में
बारिश चुरायी तुमने बादलों से
हवा को रोका तुमने पहाड़ों परे
पानी को रोका जाति की ओट में तुमने
पानी सड़ गया पनघट में
मेरा स्वातन्त्र्य कहाँ है इन सब में?
सिर काटा तुमने शम्बूक का, मेरा भी!
अँगूठा काटा तुमने एकलव्य का, मेरा भी!!
क्यों ढोऊँ मैं बोझ इस वर्ण व्यवस्था का?
अब सुनो तुम मेरा इशारा
बता दो मुझे कहाँ है मेरा स्वातन्त्र्य?
क्यों मिलूँ मैं गले?
क्यों बोलूँ हिन्दू-बन्धु?
क्यों चलूँ पीछे तुम्हारे?
राह अलग है मेरी! चन्द्र भी मेरा अपना।
मुझे बता दो स्वातन्त्र्य मेरा
कहाँ है स्वातन्त्र्य मेरा?

रमाई

सपने में मेरे रमाई आती है
हाथों में मेरे संविधान थमाती है
देश मेरा आवाज़ मेरी
द्वेष मेरा क्रोध मेरा
बोधिवृक्ष पर नीले फूल
सपने में मेरे आती रमाई
हाथ में मेरे क़लम देती है
सुर मेरे गीत मेरे
शब्द मेरे हथियार मेरे
जहाँ-तहाँ दिखे मुझे भीमाई
सपने में दर्शन देती रमाई मुझे
हाथ में थमाती मशाल मेरे
अँधेरा उकसा बिजली चमकी
भीम गरजता बीज अंकुराता
अन्याय हारता न्याय की जय
सपने में मेरे रमाई आती
होंठों पर मेरे बन्धुता गाती।

बुत

बाबासाहब यह बुत आपका
नज़रों में से सीधा उतरता है दिल में मेरे
काले बादल-सा नीला बादल बनकर।
नस-नस में उगते अलाव में
धक-धक करता रूप आपका रणगाड़े की तरह।
मस्तिष्क में क्रोधाग्नि भभकी हुई
समाज में आती दिखती नीली जागृति वही।
शस्त्र नहीं हाथ में मेरे
फिर भी मैं युद्ध कैसे?
अहिंसा नहीं नज़रों में मेरी
फिर भी मैं बुद्ध कैसे?
बाबासाहब! आपके बुत को मैं
मस्तिष्क पर अंकित कर लेता हूँ
और मस्तिष्क मेरा बन जाता है त्रिशरण की धुन।
बाबासाहब! मैं देखता हूँ नीला सपना
चाहता हूँ धूल बन जाऊँ आपके चरणों की
फूल बन जाऊँ आपके क़दमों तले का
आपकी उँगली पकड़ चलने वाला बालक बन जाऊँ

डर

यह डर मेरे मन में कहाँ से जनमता है पग-पग पर?
मन्दिर में हिंसा क्यों?
आशीर्वाद देने वाले हाथों में शस्त्र क्यों?
प्रेम की हत्याएँ क्यों?
जाति-जाति के नाम रौंदे जाने का अहसास
मेरे मन में जनमता है डर पग-पग पर, कहाँ से?
न जाने क्या हो जाता है
दिन उलटा उगा
मनुष्य बना भेड़िया
खूँखार बन एक-दूसरे पर हावी!
और ऊपर से मन में जनमा यह डर पग-पग पर!
मैं उन्हीं से पूछता हूँ
मुझे क्यों डर लगता है तुमसे?
मेरा गुनाह क्या है?
वे आक्रामक होते हैं। नंगी तलवारें नचाते हैं
कहते हैं हमें डर लगता है अस्पृश्यों से
उनकी बदलाखोरी की कल्पना से
हम हथियारों से लैस रहते हैं सदा
क्योंकि लगता है तुम्हारी मुट्ठी में अम्बेडकर जन्मेंगे।

हुजूम

यह क्या है?
मैं अपने देश में रहता हूँ कि हुजूम में?
ये मेरे बन्धु कि दंगाई?
उनका मुझसे कैसा प्रेम
कि नंगी तलवारें चमकायें मुझ पर!
उनकी चीख़-चिल्लाहट
और डर से काँपता मैं?
ना मेरा घर सुरक्षित ना मैं
यह क्या है?
मैं स्वतन्त्रता में जी रहा हूँ या गुलामी में?
यह मेरा देश है कि शत्रु प्रदेश?
मेरी माँ-बहनों-पत्नी का आक्रोश
और हुजूम का डरावना जोश
हमारा गुनाह?
अस्पृश्य के रूप में जन्म लिया?
कहाँ जनम लेना हमारे बस में था क्या?
हमारे हाथ खाली और निकम्मे भी
बच्चे हमारे डर से जन्मे फूल
घर जलने की चिन्ता में झुलसे स्वप्न
यह क्या है?
मेरे हाथों के पैर हो रहे हैं...
मेरे मस्तिष्क में ज्वालाएँ

मेरे होंठों पर सशस्त्र सेनाएँ उभर रही हैं
आँखें मेरी तथागत-सी निरामय, शान्त, सुन्दर
अहिंसा की प्रार्थना-सी!
यह क्या है?

मुखौटा

सभी कह रहे हैं जय भीम
पता नहीं कौन अपना, कौन पराया!
सभी मना रहे हैं जयन्ती उत्सव।
पता नहीं जयन्ती सच में किसकी है।
मैंने तो बाबासाहब को रखा था
हृदय में। अतल हृदय में।
फिर वे ठेले-ठेले पर कैसे पहुँचे?
पता नहीं चलता कौन सच्चा, कौन झूठा?
सभी का एक ही मुखौटा।
पहचान मिटाने का षड्यन्त्र यह!
मतों की नीलामी।
अब तो वे कहते नहीं संविधान बदलने की बात!
नहीं आरक्षण बन्द करने की बात!
यह बदली हुई भाषा मेरी समझ में नहीं आती।
यह दिशा मेरी मति चकराती है।
लोकतन्त्र की विवस्त्र दशा! सत्ता का नशा!
सभी कहने लगे हैं जय भीम!
पता नहीं चलता कौन अपना, कौन पराया!

बन्द करो यह ढकोसला।

एक ओर बुत तोड़ते हो
और यह भी कहते हो संविधान के शिल्पकार!
बन्द करो यह ढकोसला।
बाबा साहब के आगे रामजी लिखने का आग्रह
और रामजी अयोध्या के कहते हो
बन्द करो यह ढकोसला।
चीख़कर कहते हो आरक्षण पर आँच नहीं आने देंगे
और जगहें ख़ाली रखते हो या डुप्लिकेट भरते हो।
यह ढकोसला बन्द करो।
एक ओर बाबा साहब का गुनगान गाने का
कि वे मुसलमान नहीं बने।
बाबा साहब के उपकार मानते हो
कि उन्होंने देश का हिस्सा नहीं माँगा
और उसी वक़्त संविधान बदलते हो सुविधा हेतु।
यह ढकोसला बन्द करो।
स्वच्छ भारत का विचार करते हो।
उनका विचार पहले करो कि जिन्होंने
हज़ारों वर्षों से स्वच्छता ही की
मरी हुई गाय पर कितनी बहस-चर्चा
जिन्होंने ढोये मृत जानवर उनकी सोचो ज़रा
हिन्दू-हिन्दू बन्धु-बन्धु नारों का
ढकोसला बन्द करो पहले।
हम रहते हैं झुग्गी-झोंपड़ियों में, ग़रीबी में

देखा नहीं जाता यह भी तुमसे?
झोंपड़ियाँ जलाते हो, अन्याय ढाते हो
अब हमें भी क़ब्ज़ा करना होगा कोठी-हवेलियों पर।
ज़मीन, खेती-बाड़ी पर करना हो अतिक्रमण
हमारी विनम्रता को गुलाम समझा
अब बगावत-विद्रोह के हादसों से काम लेना होगा
हक़ जतलाना होगा हर बात में
आओ!
स्वागत है तुम्हारी टोलियों का
तुम्हारे जलाने की करतूतों का।
हमने कमर कस ली है
देश पर क़ब्ज़ा करने की!
लाल क़िले पर भाषण देने की
हाँ तो बन्धुओ।
अब बन्द भी करो यह ढकोसला!

ऐलान

हम रास्तों पर उतर आते हैं
घोषणाएँ देते हैं
हम तुम्हें खूँखार लगते हैं। है न?
हमारा-तुम्हारा रिश्ता ही हिंसा पर टिका है।
जाट आरक्षण के लिए हिंसा पर उतर आये
तुम्हारी घिग्घी बन्द!
'पद्मावत' के लिए राजपूत हिंसक बने
तुम्हारे मुँह में ज़बान ही न थी।
हम रास्तों पर उतर आते हैं
तुम्हें खूँखार लगते हैं हम!
हम ही मरते हैं
तुम्हारी गोलियों से
बताओ न कौन करता है गोलीबारी? हिंसा?
रास्ते ख़ून से कैसे रँगते हैं?
हम रास्ते पर ना आये इसलिए
तुम्हारी सियारी कुई-कुई!
पीड़ित को सलाख़ों के पीछे
और अपराधी को क्लीन चिट?
तुम्हारे दलालों का किया न्याय
तुम्हारे पक्ष में
और हमारे लिए?
बन्दूक़ से छूटी गोलियाँ, लाठीचार्ज, अश्रुगैस!
हमारी लाशें रास्ते पर न दीखें

इसीलिए फैलायी गयी दहशत तुम्हारी।
अब ध्यान से सुनो!
हम उगेंगे तुम्हारे घरों में।
पार्लियामेंट में, सुप्रीम कोर्ट में
स्वर्ग-पाताल में भी
हम उग आयेंगे।
'जय भीम' मात्र हमारे होंठों पर नहीं
सर्वहारा वर्ग की ज़बान पर है।
लाल, नीला, हरा, काला और केसरिया।
कितने दिन शंकराचार्य की छाँव में जिओगे?
जो अपना बाप ज़िन्दा नहीं कर सकता
वह तुम्हारा क्या करेगा?
ध्यान में रखो।
कोई अवतार नहीं लेगा।
इन दकियानूसी कल्पनाओं की
गिरवी रखी बुद्धि में उगेंगे हम।
और बन्दूक़ की गोलियों में।
सूर्य में भी उगेंगे अब
अँधियारा ज़्यादा ही शोर मचाने लगा है!!

न्याय

अन्याय करने वाले भी तुम
न्याय करने वाले भी तुम।
यह कहाँ की रीत?
न्याय माँगना याने अन्याय करना?
कैसा सिद्धान्त यह?
हम झूठे, जाली केसेज़ करते हैं?
तुम सज्जन! हम चोर?
मनु तुम्हारी रग-रग में
तुम न्याय क्या करोगे?
न्याय के बहाने गला मरोड़ने वाले!
चलो करो न्याय!
हम गाय, तुम कसाई!
हम निःशस्त्र, तुम सशस्त्र!
करो न्याय।
हमें मंज़ूर नहीं तुम्हारा कलेवर ढोना।
हमारे क़दमों ने रुख़ बदला है।
जय जय जय जय भीम।
तुम्हारी अक्ल नहीं ठिकाने पर
पैर कहाँ रखें?
झूठे शास्त्र, झूठे पुराण, इतिहास भी झूठा
कैसे यक़ीन करें?

औलाद तुम्हारी झूठी
अब जगह ख़ाली करो।
न्याय करने दो।
एक बार तो सही तुम पर अन्याय करने दो।

गिरवी

लोगो!
किसने सी लिए हैं होंठ तुम्हारे?
बोलो तो सही!
किसने बन्द की हैं आँखें तुम्हारी?
देखो तो सही!
लोगो!
किससे डरते हो तुम?
क्यों डरते हो?
किसकी दहशत है?
तुम निर्भय क्यों नहीं होते?
लोगो सुनो!
यदि तुमने बुद्धि बेची है
गुलामी क़बूल की है
तो समझ लो
देश गिरवी रखने की शुरुआत है यह!
लोगो!
तुम्हारी जिह्वा पर ईश्वर है
तुम्हारी बुद्धि से देश चलता है
तुम्हारे विवेक में बुद्ध जनमता है
तुम्हारे पसीने से इतिहास नहाता है।
इसलिए मत रखो अपने शब्द गिरवी।
मत धारण करो मौन!
इससे हत्या होगी संविधान की।

सहभोजन

मैं भूल ही गया हूँ मैं कौन हूँ
नहीं जानता मुझे क्या करना है
कोई ऐरा-गैरा तय करता है मैं कौन
कोई दूसरा तय करता है मुझे क्या करना है
वे कहते हैं बैठो, मैं बैठता हूँ
वे कहते हैं उठो, मैं खड़ा होता हूँ
मैं और पत्थर-कंकड़ों में
कोई अन्तर नहीं
और वे यही चाहते हैं
और मैं यह नहीं चाहता।
मुझे अमान्य है उनका हितोपदेश
मुझे स्वीकार ही नहीं तुम्हारा मेरे लिए हितचिन्तक होना।
तुम्हारी नज़र ही मुझे पसन्द नहीं
और नहीं पसन्द तुम मेरे कोई लगते हो के भाव
हम-तुम दुश्मन हैं एक-दूसरे के
एक-दूसरे की संस्कृति के, जीने के
भूत-भविष्य-वर्तमान के!
ये मेरा स्वाँग नहीं, मुखौटा नहीं!
और तुम ढकोसला क्यों करते हो बन्धुत्व का।
तुम्हारे-मेरे हाथ भी एक से नहीं हैं।
मेरे हाथों पर है इन्सानियत
और तुमने पहने हैं बाघनख।
ध्यान रहे

हमें रहना है एक झण्डे तले
और जीना है एक मण्डवे तले
फिर यह सहभोजन का
नाटक किसलिए?
सुनो!
मैं तुम्हारी पाँत में
कभी बैठने वाला नहीं हूँ।

कालगणना

मैं समझता हूँ तुम्हारे इशारे
तुम्हारी आँखों की भाषा
और तुम्हारे होंठों की ख़ुफ़िया हलचल
तुम्हारे किये हुए अनुल्लेख, उपेक्षा
तुम्हारा दूरी बनाये रखना हमेशा!
तुम्हारे मन को पढ़ने के लिए
भविष्यवेत्ता की ज़रूरत ही क्या।
तुम्हारी चालबाज़ी, गनीम चाल,
तुम्हारा मितभाषी बनाम दिल में का कालापन
मैं कैसे भूलूँ
तुम्हारी फैलायी हुई झूठी ख़बरें-गप?
बदनामी और आपमतलबी नज़दीकी-अन्तर
मैं अच्छी तरह से जानता हूँ
तुम्हारी जात-औक़ात उलटा कलेजा
जान लो, समझा करो
तुम्हारे इतिहास में की मेरी अनुपस्थिति।
तुम्हारे घर में मेरे लिए रखे
अलग-से बर्तन, कोने की जगह!
तुम लाख चाहो
मैं तुम्हारी पाँत में नहीं बैठूँगा।
समझा करो
यह कल खींची हुई लक्ष्मण रेखा नहीं है
प्राचीन काल से हमारी दहलीज अलग-थलग है।

शूर्पनखा की कटी हुई नाक उगी है।
एकलव्य का कटा हुआ अँगूठा पनपा है।
शम्बूक का कटा हुआ सिर ज़िन्दा हुआ है।
तुम भरम में मत रहना।
मैं तुम्हारे पीछे आने वाला नहीं हूँ।
तुम्हारी आवाज़ में मेरी आवाज़ एक नहीं होगी।
मुझे ज्ञात हुआ है मेरे अलग होने का अर्थ।
करके देखो गिनती मुझे ख़ारिज कर।
तुम्हारी सारी कालगणना ग़लत सिद्ध होगी।
तुम्हारे जन्म-मृत्यु के सारे दस्तावेज़
झूठे साबित होंगे।

हवाएँ

कैसे मारे गये तुम?
तुम उनके हाथ लगे ही कैसे?
धोखाधड़ी में छिपे प्यार पे मर मिटा?
उनकी गप पर तुझे यक़ीन कैसे आया?
तनिक भी संशय नहीं उभरा तुम्हारे मन में
उनकी सधी चाल पर?
तुम्हें पिलायी गयी थी क्या?
या ब्लैकमेल किया गया था?
तुम्हारी कौन-सी कमज़ोरी उन्हें पता चल गयी थी?
तुम आख़िरी तक ख़ामोश रहे!
आख़िरी इच्छा नहीं।
सब कुछ समेटने की चाह नहीं।
ऐसे कैसे चले गये तुम चुपचाप?
मैं ढूँढ़ रहा हूँ कुछ तो सबूत मिलेगा
पर कुछ मिल ही नहीं रहा है।
इतने साल, इतने वर्ष जी रहे थे तुम
और एक क्षण भी न मिले साक्षी हेतु
सारे सबूत मिटा दिये गये हैं।
यहाँ तक कि तुम जन्मे ही नहीं थे यहाँ।
उन्होंने कमाल की तैयारी की है
प्लानिंग कर ख़त्म किया तुम्हें उन्होंने।
उनके रेकी करते समय तुम बेख़बर कैसे रहे?
तुम चले गये हमारे लिए क़तार बनाकर।

अब हमारी बारी।
हम शस्त्रपूजा करने लगे हैं
उन्हीं के देवताओं के हाथ के शस्त्र हथिया लिए हैं।
कल समझो ईश्वर ने अवतार धारण किया भी
वह निःशस्त्र होगा।
कोई अवतार न ले
इसका बन्दोबस्त किया है
जाते समय तुम हमारे लिए
उनकी चीख़ें, उनके शस्त्रों की खनखनाहट
और तुम्हारे ख़ून के फव्वारे
तुम्हारा एकाध आख़िरी शब्द या चीख़
इनमें से कुछ तो छोड़ गये होते
हमारे लिए।
श्वास-प्रश्वास ही छोड़ जाते।
क्यों नहीं बताये तुमने किसी को
संशयितों के नाम?
हम कोई भी नहीं थे क्या तुम्हारे?
या यक़ीन नहीं था हम पर?
कि तुम्हारे साथ डटकर खड़े रहेंगे?
बन्दूक़ की गोली-सा झटक दिया है मैंने अकेलापन।
अब मौत की खोज में निकला हूँ।
यक़ीन नहीं रहा अब
कोर्ट-कचहरी, चौकी, संसद पर।
अब मैं आवाज़ उठाऊँगा।
कोई जो सोचना वह सोचे।
देशभक्ति के नारे, झुण्ड के संकेत
मौन हो जायेंगी बेमौसमी हवाएँ!
अब मैं राष्ट्रध्वज-सा
फड़फड़ा रहा हूँ।
हवाओं ने दिशाएँ बदली हैं।

प्रेम से विश्वास से

मुझे बात करनी है तुमसे
प्रेम से-विश्वास से, तुम्हारे कन्धे पर हाथ रखकर।
यूँ ही मुझ पर शक मत करो
मैं प्रेम करता हूँ तुमसे, तुम्हारे धरम से
परम्परा से और तुम्हारे देश से भी।
मुझे बात करनी है तुमसे
प्रेम से-विश्वास से, तुम्हारे कन्धे पर हाथ रखकर।
तुमसे पहले जन्मा हूँ मैं यहाँ
तुम्हारे सभी पूर्वजों से भी पहले
इतना ही नहीं तुम्हारे ईश्वर से भी पहले।
मैं यहीं था
तुम इसे क्यों नकारते हो?
मुझे तुमसे बात करनी है
प्रेम से-विश्वास से, तुम्हारे कन्धे पर हाथ रखकर।
तुमने मिटा दिये हैं सब नामोनिशान
और नष्ट कर दी हैं सब कथा-कहानियाँ
तुमने हवा को उलटा बहाया
सारे बादल चुराकर भागे हो
सितारों की चोरी की तुमने
हमने छिपाकर रखे चार प्रकाश किरण भी
तुमने हमारे लिए नहीं छोड़े
हमें इससे भी कोई शिकायत नहीं।
लेकिन कभी तो हमारी कहानी सुन लो।

मुझे बात करनी है तुमसे
प्रेम से-विश्वास से, तुम्हारे कन्धे पर हाथ रखकर।
जड़ें उखाड़कर पेड़ कैसे खड़ा रह सकेगा?
पानी में रहकर मछली से बैर होगा क्या?
तुम, मैं और तुम्हारे-मेरे सभी
मिल-जुलकर रहते हैं भूल गये?
इस ज़मीन पर तुम्हारे पाँव हैं और मेरे भी।
तुम मत रखा करो मेरे सिर पर तुम्हारे पाँव।
मुझे तुमसे बात करनी है
प्रेम से-विश्वास से, तुम्हारे कन्धे पर हाथ रखकर।
मेरे सिर में विस्फोट हो रहे हैं।
तुम पैर मत रखना सिर पर मेरे!

❑❑